中华文明探微

展现悠久历史
探寻中华文明

Embody the long history
Explore the Chinese civilization

白巍 戴和冰 主编
杜道明 著

北京出版集团公司
北京教育出版社

Chinese
Gardens

天地一园

中国园林

蜗居时代，寻找遗落的后花园

图书在版编目（CIP）数据

天地一园：中国园林 ／ 杜道明著. — 北京：北京
教育出版社，2013.4
（中华文明探微 ／ 白巍，戴和冰主编）
ISBN 978-7-5522-1091-0

I. ①天… II. ①杜… III. ①古典园林—介绍—中国
IV. ①K928.73

中国版本图书馆CIP数据核字（2012）第216189号

中华文明探微

天地一园
中国园林
TIANDI YI YUAN

白　巍　戴和冰　主编
杜道明　著

出　版	北京出版集团公司 北京教育出版社
地　址	北京北三环中路6号
邮　编	100120
网　址	www.bph.com.cn
总发行	北京出版集团公司
经　销	新华书店
印　刷	滨州传媒集团印务有限公司
版印次	2013年4月第1版　2018年11月第3次印刷
开　本	700毫米×960毫米　1/16
印　张	12.25
字　数	130千字
书　号	ISBN 978-7-5522-1091-0
定　价	38.00元
质量监督电话	010-58572393

总　序

　　时下介绍传统文化的书籍实在很多，大约都是希望通过自己的妙笔让下一代知道过去，了解传统；希望启发人们在纷繁的现代生活中寻找智慧，安顿心灵。学者们能放下身段，走到文化普及的行列里，是件好事。《中华文明探微》书系的作者正是这样一批学养有素的专家。他们整理体现中华民族文化精髓诸多方面，不炫耀材料占有，去除文字的艰涩，深入浅出，使之通俗易懂；打破了以往写史、写教科书的方式，从中国汉字、戏曲、音乐、绘画、园林、建筑、曲艺、医药、传统工艺、武术、服饰、节气、神话、玉器、青铜器、书法、文学、科技等内容庞杂、博大精美、有深厚底蕴的中国传统文化中撷取一个个闪闪的光点，关照承继关系，尤其注重其在现实生活中的生命性，娓娓道来。一张张承载着历史的精美图片与流畅的文字相呼应，直观、具体、形象，把僵硬久远的过去拉到我们眼前。本书系可说是老少皆宜，每位读者从中都会有所收获。阅读本是件美事，读而能静，静而能思，思而能智，赏心悦目，何乐不为？

　　文化是一个民族的血脉和灵魂，是人民的精神家园。文化是一个民族得以不断创新、永续发展的动力。在人类发展的历史中，中华民族的文明是唯一一个连续5000余年而从未中断的古老文明。在漫长的历史进程中，中华民族勤劳善良，不屈不挠，勇于探索；崇尚自然，感受自然，认识自然，与自然和谐相处；在平凡的生活中，积极进取，乐观向上，善待生命；乐于包容，不排斥外来文化，善于吸收、借鉴、改造，使其与本民族文化相融合，兼容并蓄。她的智慧，她的创造力，是世界文明进步史的一部分。在今天，她更以前所未有的新面貌，充满朝气、充满活力地向前迈进，追求和平，追求幸福，勇担责任，充满爱心，显现出中华民族一直以来的达观、平和、爱人、爱天地万物的优秀传统。

　　什么是传统？传统就是活着的文化。中国的传统文化在数千年的历史中产生、演变，发展到今天，现代人理应薪火相传，不断注入新的生命力，将其延续下去。在实践中前行，在前行中创造历史。厚德载物，自强不息。是为序。

汤一介

思古说今话园林

如果你到过中国的首都、历史文化名城北京，看过故宫、北海、颐和园、圆明园等辉煌的皇家宫苑，一定会为那恢宏的气势、壮丽的屋宇和迷人的景色所倾倒；如果你到过被誉为"东方威尼斯"的南方名城苏州，欣赏过那"甲江南"的姑苏庭院，也一定会被那秀丽典雅的园景所陶醉；如果你曾信步"深山藏古刹"的宗教圣地，那古色古香的殿堂，山清水秀的风景，也一定会使你感到心旷神怡，超凡脱俗。这些风格迥异、令人流连忘返的人间仙境，就是园林。

中国有句俗话："上有天堂，下有苏杭。"这在某种程度上是因为苏州有众多巧夺天工的园林，而杭州则拥有风姿绰约的西湖。天堂是人们想象中的园林，园林则是人世间的天堂。翻阅《旧约》全书、《古兰经》和佛教经典便可知道，世界三大宗教所描述的乐园、天国、极乐世界，其情景几乎完全一致，都少不了花木、果实、河流、池沼，或者再加上堂皇的楼台、明丽的道路……这正是一座园林的基本构成内容。无论中西，园林都是供人玩赏的艺术空间，是真、善、美三位一体的自然与人工参半的活动天地。因此，园林堪称人们理想生活的场所，虽然不能在这人造天堂里长生不老，或进入涅槃境界，但毕竟可以使人享受到现世的欢乐和精神的升华。

中国是一个拥有5000多年文明史的国度，光辉灿烂的古代文化孕育出了丰富多彩的民族艺术，而园林艺术可以说是这艺术宝库中一颗璀璨的明珠，在世界园林史上都享有盛名。

中国园林的起源与神话传说有密切的关系。昆仑山是中国古代传说中最早的神仙世界，上有宫殿园囿、奇花异草和珍禽异兽。据《山海经》《水经注》记载，昆仑山可以通达天庭，人如果登临山顶便可长生不老。因此昆仑山便成为先民们心驰神往的圣地，历代帝王更是对它顶礼膜拜，为了更加接近神灵，求得庇护，得到恩典，纷纷垒土筑台。不仅是昆仑山，其他各地也受到神话传说的影响，纷纷筑台。据文献记载，夏启曾在禹县建筑钧台，商纣曾在淇县修筑鹿台。台是早期宫苑建筑物，当它结合绿化种植而形成以它为中心的空间环境时，园林的雏形便开始出现。最早的园林是周文王时建造的灵囿，这是中国园林最初的形式，也是中国园林叠山、理水的滥觞。春秋时期的造园利用人工池沼、园林建筑和花草树木等手法，已经有了相当高的水平。战国时期，齐威王、燕昭王都曾派人入渤海寻求传说中的海上仙山——蓬莱、方丈、瀛洲。虽然这种海岛仙山在现实中根本不存在，但对园林布局来说却是一种良好的形式，并始终受到历代造园家的喜爱，沿用不衰。

秦始皇统一全国后，曾在咸阳挖长池，引渭水，修建上林苑。汉武帝在此基础上继续扩大，建筑宫殿，豢养动物，栽培各地的名果奇树多达3000余种，应该说是真正意义上的中国园林了。到了东汉，除了有相当规模的帝王宫苑之外，还有了私家园林。大将军梁冀"广开园囿，采土筑山"，这土筑的山是对真实的崤山的模仿，并达到了逼近自然的程度。

魏晋六朝时期是中国古代园林史上的一个重要转折期。在选址上不再远离都城，而是建于城市近郊或城内；空间范围明显缩小，不再动辄上百里；人工景观的创作也不再是各地名山大川的直接模仿，而是典型化的再现。当时的富豪纷纷建造私家园林，如西晋石崇的金谷园，已经从写实到写意，把自然风景浓缩于园林之中。

　　隋炀帝在洛阳兴建的西苑，是继汉武帝上林苑之后最豪华壮丽的一座皇家园林。唐代前期，高官贵族仅在洛阳一地建造的私家园林就达一千多处，可见当时园林发展的盛况。唐朝文人、画家以风雅高洁自居，大多自建园林，并将诗情画意体现在园林之中：说园林是诗，但它是立体的诗；说园林是画，但它是流动的画。著名诗人王维、白居易等都是这方面的代表人物。

　　宋代的造园活动由单纯的山居别业转而在城市中营造城市山林，因此大量的人工水、叠造假山，成为宋代造园活动的重要特点。北宋的写意山水园寿山艮岳是中国园林史上的一大创举，它不仅有全用太湖石叠砌而成的最大的假山，更有众多反映中国山水特色的景点。

　　元代由于山水画的创新，对有立体山水画之称的园林艺术产生了影响。元末，一大批文人画家参与造园，促进了诗、画、园的有机融合，也完成了园林从写实到写意的转变。

　　明、清两代是中国园林创作的高峰期。明代造园的主要成就在江南的私家园林，如沧浪亭、留园、拙政园、寄畅园等。清代康熙、乾隆时期是皇家园林建筑的活跃期，圆明园、避暑山庄、畅春园等皆是修建于此时。清代园林的一个重要特点是，大园不但模仿自然山水，而且还模仿各地名胜，形成园中有园、大园套小园的风格。如避暑山庄中的金山亭模仿镇江金山寺，烟雨楼模仿嘉兴烟雨楼，文园狮子林模仿苏州狮子林，颐和园中又有模仿无锡寄畅园的谐趣园等。

中国地域辽阔，各地气候和地理条件各不相同，因而园林也常常表现出明显的地方特色，有所谓北方园林、江南园林、岭南园林和蜀中园林等。一般说来，北方园林显得气势恢宏，江南园林比较典雅秀丽，岭南园林透出绚丽纤巧，蜀中园林则更为朴素淡雅。

从类型来分，中国园林大体可以分为皇家园林、私家园林、寺庙园林三大类，此外还有自然风景园林、陵墓园林、衙署园林、祠堂园林、书院园林、公共园林等。其中皇家园林历史最为悠久，主要集中在中国北方，保存到今天的既有北京故宫的御花园这样的小巧之作，又有颐和园和避暑山庄那样的大规模园林；私家园林主要是文人园林，江南地区较为集中，虽无皇家园林那种宏大壮丽、摄人心魄的美景，却也别有韵味，令人遐思、流连；寺庙园林几乎遍布中国的大小名山，多数是寺庙融入山水风景之中，也有的在寺庙内建有若干小园林，供香客游人欣赏，如杭州灵隐寺。还有的寺庙拥有附属的独立花园，如上海的龙华寺等。

总的来看，中国园林是荟萃了中国各种文化因素的一种艺术，它不仅体现了中国人传统的哲学思想和审美趣味，而且有着独特的造园技艺。所有这些，在与西方园林、日本园林和伊斯兰园林的比较中也许会看得更加清楚。

下面，就让我们对中国园林艺术作一番巡礼吧。

目　录

1 **以小见大**——漫话中国园林

象天法地…1

壶中天地…10

文化荟萃…16

2 **争奇斗胜**——中国园林的种类

气势恢宏的皇家园林…25

小巧玲珑的私家园林…34

古色古香的寺庙园林…44

3 **巧夺天工**——中国园林四大造园要素

叠　山…57

理　水…64

建　筑…74

花　木…86

4 **天人合一**——哲学思想在中国园林中的体现

　　儒家思想与中国园林···95

　　道家思想与中国园林···104

　　佛教思想与中国园林···111

5 **引人入胜**——中国园林审美

　　园名、对联的美学意蕴···119

　　中国园林的审美意境···124

　　动态之美···136

6 **各擅其美**——中外园林之比较

　　中西园林之比较···147

　　中日园林之比较···161

　　中伊园林之比较···174

　　参考文献···183

天地一園

中国园林

1

以小见大

——漫话中国园林

▌ 象天法地

中国园林最本质的特点便是以小见大，即以有限的规模表现无限的内容。中国园林是荟萃了中国文化精华的一门艺术，不仅模仿客观存在的自然山水"象天法地"，还将时空浓缩于一园之内。

中国先民基于万物有灵的原始自然观，往往把日月星辰、风雨雷电乃至名山大川等自然现象和景观作为某种超自然的力量加以崇拜。夏、商、周三代以后，更发展为对于至上神"天帝"的崇拜，认为神秘的天帝掌握着整个神灵世界，他在天界的住所便成为中国园林象天的对象。历代皇家园林往往以天帝所住的天宫为蓝本，如颐和园排云殿下排云门前牌楼题额"星拱瑶枢"（图1-1），即众星拱卫着北极星。颐和园中昆明湖表现的是"一池三岛"的神仙境界。岸西原有一组建筑群象征农桑，代表织女；隔岸铜牛（图1-2）则代表的是牛郎，神话中的牛郎织女是被天河所阻隔，那么昆明湖作为银河的寓意就十分清楚了。南湖岛涵虚堂的前身是三层的望蟾阁，月亮称为"蟾宫"，是月宫仙境的象征。南湖岛的龙王庙与南面水中的凤凰墩（图1-3）则象征龙与凤。

1

图1-1 颐和园排云殿下排云门前牌楼上代表众星拱卫北极星的题额
（张庆民/摄）

　　这不仅象征着人间万民拥戴帝王，显示了目空一切、笼盖四野乃至超越宇宙的皇家气派，而且意味着天地相参，地上的园林对应着天象，体现了天人合一的民族观念。

图1-2 颐和园昆明湖东岸象征牛郎的铜牛（刘朔/摄）

    乾隆皇帝把自己比作天上的玉皇大帝，把昆明湖比作天河，所以在天河两侧设有牛郎和织女。昆明湖东岸设置了"牛郎"，昆明湖西侧有织耕图，以此象征"织女"。

图1-3 颐和园中与南湖岛龙王庙遥相呼应的凤凰墩（聂鸣/摄）

    在封建时代，龙是皇权的象征，皇帝又称为真龙天子；凤凰则代表皇后，皇后戴的帽子就称为凤冠。龙和凤对应则为龙凤呈祥，由此可见龙王庙与凤凰墩设计者的良苦用心。

　　中国园林常常是园主人的精神寄托之所在，因此，园林要象征整个宇宙及万物，宇宙万物要在园林中得以体现，于是园林便成为某种"微观宇宙"。我们知道，上圆下方是中华民族天圆地方宇宙观的体现，如铜钱的外圆内方就代表了整个天地都被它囊括其中。北京天坛公园有9座坛门，每座门上都有三个上圆下方的洞口（图1-4），这意味着天坛仅仅一座坛门，就将偌大的天地承载其中了。

　　中国园林属于写意自然山水型，是对客观存在的自然界山水进行模仿，经艺术提炼，在有限范围内"移天缩地"，使人步入其中，就仿佛走进了大自然。另一方面，中国园林滋生于中国文化的沃土之中，深受绘画、诗歌等艺术形式的影响，许多园林都是在文人、画家的直接参与下经营的，这就使中国园林从一开始便带有诗情画意。中国艺术的核心奥秘恰恰就在于象天法地，比如对空灵的创造与利用，作画要上下空阔，四面疏通，其中的大幅空白可以是天地苍茫，也可以是烟波浩渺，一任欣赏者心游其间。这些空白不仅仅在形式上构成有无、疏密的对比，更是鉴赏者驰骋审美想象的广阔空间。有了空灵，就能使园林空间突破实体的局限，具有无限的蕴含量。比如园林中通天接地、引风生香的最佳空间，就是水面所营造出的空间。因为碧波本身就显得空阔，天地生机，气象万千，遂由此而生，狭小的园林顿时给人一种空阔辽远之感。

　　中国有着辽阔的国土，山山水水，瑰丽多姿，可谓无山不秀，有水皆

（右）图1-4 天坛的坛门（自由/摄）

　　门洞呈上圆下方状，是天圆地方的形象体现。中国古人把茫茫宇宙称为"天"，而把田土称为"地"。天体总是在运动，好似一个圆周无始无终；而大地却静静地承载万物，恰如一个方形的物体静止稳定，于是"天圆地方"的概念便由此产生。

图1-5 颐和园昆明湖，远处是万寿山佛香阁（陆建华/摄）

北京颐和园的山水、建筑和植被，模仿自然而又高于自然。它是中国园林利用自然山水，本于自然而又高于自然，集自然景观和人文景观于一体，实现建筑美与自然美融为一体的成功范例。

丽。美好的自然风光，为园林建设提供了取之不尽的素材。但中国园林的特点是把人工美与自然美巧妙地结合起来，从而达到引人入胜的美好境界。因此，造园并非单纯地模仿自然，再现原物，而是要师法自然，高于自然。所谓师法自然，在造园艺术上包含两层内容：一是总体布局、组合要合乎自然；山与水的关系以及假山的峰、涧、坡、洞等各种景象的组合，要符合自然界山水生成的客观规律。二是每个山水景象的组合也要合乎客观实际。如假山峰峦是用小的石料拼叠而成的，叠砌时就要求认真仿照天然岩石的纹脉，尽量减少人工拼叠的痕迹。挖池堆山，常做自然曲折、高低起伏状。花木布置，务求疏密相间，乔、灌木错杂纷呈，力求天然野趣。所谓高于自然，就是因地制宜，取诗的意境作为造园的依据，取山水画作为造景的蓝图，把大自然中的佳境去粗取精后，"聚名山大川鲜草于一室"，使人足不出户即可饱览大自然的无限风情。

北京的颐和园原本只是一座荒山，到了明代，人们开始在这里种植水稻和菱、莲等水生植物，为这座荒山增添了一些绿意和水景，有了点儿江南水乡的样子。为此，有人把这里比作杭州西湖。到了清代，乾隆皇帝看上了这一带的自然山水，于是扩湖堆山，开始建园。经过造园家的巧妙安排，原来淳朴自然的山水，逐渐成为峰峦叠翠、碧波荡漾、布局完美、妙景横生的皇家园林 (图1-5)。

江南园林也是顺应了江南水乡的自然条件，布局灵活，变化巧妙。例如苏州的拙政园 (图1-6)，全园有3/5的面积为水面，造园者因地制宜，在开阔的水面上，或布置小岛，或架设小桥，打破了单调的气氛，形成了深远的氛围。不同样式的建筑物，造型力求轻盈活泼。在远香堂对面绿叶掩映的土山上，竹树掩映，浓荫如盖，岸边散植藤蔓灌木，更增加了江南水乡的气息。经过造园家的巧妙布置，这一带原来的一片洼地便形成了池水环抱的美景。这一切都说明，中国园林确实是象天法地的综合艺术品，虽经人工创造，却巧夺天工，不露斧凿痕迹，真可谓"虽由人作，宛自天开"。

图1-6 苏州拙政园局部（聂鸣/摄）

　　苏州拙政园是江南园林的代表，中国四大名园之一，也是苏州园林中面积最大的古典山水园林。它始建于明朝正德年间，是全国重点文物保护单位，1997年被联合国教科文组织列为世界文化遗产。

▌壶中天地

陈从周先生在《说园》一书中指出："园之佳者如诗之绝句，词之小令，皆以少胜多，有不尽之意，寥寥几句，弦外之音犹绕梁间。"不过，中国园林既不是诗词，也不是音乐，它是由建筑、山水、花木、文化符号等组合而成的一种综合性艺术，有着诗一样的隽永，画一般的迷人。虽空间有限，却能以小见大，美不胜收，以至于"寸草有致，片石生情"；虽半亩方塘，却追求天光云影之意境，极富诗情画意，正所谓壶中天地也。

中国北方的皇家园林由于深深打上了皇家的烙印，往往规模宏大。不过，再大的园林和大自然相比，仍然是小巫见大巫，所以中国园林从本质上说就是以小见大。秦汉之后的皇家园林虽有所缩小，但聚天下之景于一园的种种努力还是显而易见的。北宋著名的皇家禁苑寿山艮岳仅十几里见方，最高峰也不过90步，但它却在这有限的范围内将山水、村舍、殿阁、花木等名胜奇观聚集在一起。虽地处中原，却兼采南方山水之胜，如绍兴的鉴湖、杭州的飞来峰、陶渊明笔下的桃花溪、林和靖诗中的梅池等。

相对于皇家园林，私家园林则以小巧典雅见长。其中大型的不过10亩上下，中型的5亩左右，小型的只有一二亩。如何在这有限的空间内再现出无限宇宙的丰富，似乎是一个无法解决的难题。中国园林解决这一问题的方式是双重的：首先，它试图在狭小的空间内把每种体验都混合进一点，园林因而呈现出纷繁复杂的特性。如构成园林的要素是多样而丰富的，水石亭台、厅堂楼阁、花墙游廊、假山竹树，以及临水的小桥、通幽的曲径等，无不兼备。漫步园中，移步换景，别有天地。其次，它不断在阴阳两极之间变幻，如大与小、实与虚的变换对比处理等。园林的景色总是力求不断变化，春夏秋冬，气象万千，又循环不止，美不胜收。

扬州的个园就体现了这一特色。扬州的个园面积约30亩，但由于布局巧妙，显得曲折幽深，引人入胜。个园的第二层院落，是四季假山区。虽然只有10亩大小，但设计者精心选用石笋、太湖石、黄石和宣石，叠成春、夏、秋、冬四季山景。其构思之巧妙，用料之奇特，堪称匠心独运的顶尖之作。进入四季假山区后，首先看到的是春山（图1-7），左边是一簇茂

图1-7 扬州个园春山
（吴棣飞/摄）

春山之处实际无山，只是修竹繁茂，石笋参差，恰似雨后春笋破土而出，生机勃勃，春意盎然！园中还有十二生肖假山石，在似与不似之间，与整个"春山"竹林相映成趣。

密的竹林，显得春意盎然。在鹅卵石小径的两边，一块块太湖石呈现出各种动物的造型，这就是"十二生肖闹春图"，从而增加了春天的气息。沿花墙布置石笋，恰似春笋出土，更与竹林呼应，给人一种春回大地、万物复苏的感觉。

夏山（图1-8）是一座太湖石假山，山前有一泓清澈的水潭，潭中遍植荷花，向人们展示着映日荷花别样红的盛夏意境。夏山最大的特点是山水相连。水上有曲桥一座，两旁奇石有的若仙鹤独立，形态自若；有的似犀牛望月，憨态可掬；有的像鲤鱼摆尾，神态生动；有的如荷塘蛙鸣，水面回声。立于曲桥，抬头仰望，谷口上飞石外挑，恰如喜鹊登梅，笑迎宾客。山顶上乱石如群猴嬉闹，乐不可支。真是佳景俏石，使人目不暇接。穿过洞室，拾级而上转到山顶，有一亭子立于假山之巅。亭东的一株紫藤枝叶交错，浓荫如盖，藤条相互缠绕，与山石融为一体，也增添了夏山葱郁的气氛。

图1-8　由太湖石堆叠而成的扬州个园的夏山（吴棣飞/摄）

　　灰调的石色、环绕的清流、绿树披散的浓荫和深邃的山洞，给人苍翠欲滴、千姿百态的感觉。因此，夏山宜看，远近高低都是景，让人左顾右盼，目不暇接。

图1-9　由黄石堆叠而成的扬州个园秋山
（吴棣飞/摄）

　　　　秋山气魄雄伟，最富画意。山上多
植松、枫，松之苍翠、枫之嫩红，与山色
相映成趣。秋山宜登，游走腾挪于尺幅之
间，如历千山万水，尽得攀登险趣。

　　秋山（图1-9）用黄石堆叠，气势磅礴，用石泼辣，相传出自大画家石涛之手。因黄石既具有北方山岭之雄，又兼有南方山水之秀，所以秋山是个园中最富画意的假山。每当夕阳西下，红霞映照，色彩极为醒目。在悬崖石隙中，又有翠柏、丹枫傲立，其苍绿、红艳的枝叶与黄褐色的山石恰成对比，宛如一幅秋山画卷。

　　个园的冬山选用颜色雪白、体形圆浑的宣石，使人产生雪山积雪未化的感觉，恰当地表现出了冬的主题。为了使冬天的意味更足，设计者在南墙上

14

有规律地排列了24个圆洞，组成一幅别具一格的漏窗图景。每当阵风吹过，这些洞口犹如笛箫上的音孔，会发出不同的声响，像是冬天西北风在呼啸。如此一来，冬山不仅有形、有色，还有了风声。

游览一周，如隔一年；方寸之地，却能使人尽览四季美景，这就是扬州个园，也是中国园林以小见大的妙处之所在。

再如山东潍坊的十笏园（图1-10），仅从名字上看就颇耐人寻味。此园主人丁善宝在他的《十笏园记》中对十笏园的命名作了解释："署其名曰十笏园，亦以其小而名之也。""笏"为古时大臣上朝时拿着的狭长形手板，多用玉、象牙或竹片制成，后人即以"十笏"来形容建筑物面积很小。十笏园面积仅2000多平方米，确是小园。但由于设计精巧，在有限的空间里能呈现自然山水之美，所以能含蓄曲折，引人入胜。园中楼台亭榭、假山池塘、客

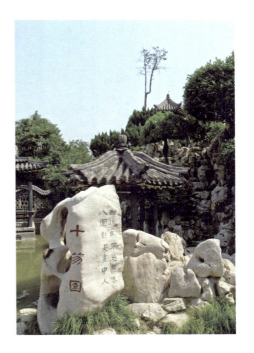

图1-10 山东潍坊十笏园（张佃生/摄）

被誉为北国小园之首的山东潍坊十笏园，山水、建筑、花木无一不备。园内建有楼台、斋堂、殿阁等67间，此外还有水帘洞、小瀑布等，在有限的空间内极尽变化之能事。十笏园是中国北方地区具有江南园林小巧玲珑特色的园林之一。

房书斋、曲桥回廊等建筑无不玲珑精美，紧凑而不显拥挤。整个园林疏密有致，错落相间，身临其境，如在画中，给人一种布局严谨、一步一景的感觉。十笏园之所以能在弹丸之地造出气象万千，让人目不暇接，就在于造园家成功地运用了小中见大、虚实相济等手段。总之，十笏园集中国南北方园林建筑艺术之大成，是中国古典造园艺术中的奇葩，被誉为北国小园之首。

15

▎文化荟萃

　　如今特别时兴谈文化，有茶文化、酒文化、饮食文化……甚至还有什么厕所文化之类。在如此众多的文化面前，把中国园林说成中国传统文化荟萃的实体，想必并不过分。

　　早在先秦时期，园林便已经与政治联系了起来。人们在谈到历史上动乱的根源时，大都把矛头指向暴君在离宫别馆和园囿中纵情酒色而荒于政事，如夏桀、殷纣等。以后的历代封建王朝，在取得政权后总要大兴土木，兴造园林，供皇族出宫时享乐。在皇家园林中，政治意识往往表现得比较强烈。如颐和园的仁寿殿（图1-11），在乾隆时期名为勤政殿，其庄严肃穆的风格，宏大壮丽的结构，完全是皇家威权意识和政治意识的反映。避暑山庄的正殿——澹泊敬诚殿（图1-12），则可以说是不标明"勤

（右上）图1-11　北京颐和园仁寿殿（刘军/摄）

　　仁寿殿原名勤政殿，建于1750年，意为不忘勤理政务。后取《论语》中"仁者寿"之意，改名仁寿殿。这里是慈禧和光绪住园期间临朝理政、接受恭贺和接见外国使节的地方，为颐和园听政区的主体建筑。

（右下）图1-12　承德避暑山庄的正殿澹泊敬诚殿内部（一只鸟/摄）

　　殿内正中匾额上的"澹泊敬诚"4个大字源于《易经》。澹，犹淡；澹泊是恬淡寡欲、安于简朴的意思；"敬诚"是谨慎小心、真心实意的意思。这里表示的是以淡泊之心，勤政治国之意。

图1-13 颐和园佛香阁（tictoc912/摄）

　　"佛香"二字来源于佛教对佛的歌颂。清乾隆
时在此筑9层延寿塔，至第八层"奉旨停修"，改建
"佛香阁"。咸丰十年（1860）毁于英法联军，光绪
时（1875—1908）在原址依样重建，供奉佛像。

政"的勤政殿，这些都是皇家政治意识的历史积淀。然而，在江南很多园
林中，政治意识则比较淡薄，甚至往往表现出与政治背道而驰的情趣，而
这恰恰表现了一种与政治上积极进取相对立的隐退意识。

　　园林与哲学思想的关系也显而易见，例如儒家在自然山水中想到了天
人合一，道家从自然山水中看到了自然之道，佛家从自然山水中悟到了优

图1-14 颐和园智慧海（tictoc912/摄）

　　颐和园智慧海，位于万寿山顶。"智慧海"一词为佛教用语，本意是赞扬佛的智慧如海，佛法无边。该建筑虽然很像木结构，但实际上没有一根木料，全部用石砖发券砌成。由于没有房梁承重，所以称为"无梁殿"。又因殿内供奉了无量寿佛，所以也称它为"无量殿"。

雅脱俗，等等。在这里，我们不妨看一看颐和园。颐和园反映最多的是儒家思想，这一点只凭这个皇家园林的身份便不难想象。颐和园东宫门内是一片宫殿建筑群，其中的正殿是仁寿殿，取施仁政者长寿之意，正是儒家治国理念的体现。其次是佛家思想，颐和园的主体建筑是佛香阁（图1-13）；智慧海（图1-14）位于全园的最高处——万寿山之巅，是一座两层的佛教殿堂。殿前有一座琉璃牌坊，牌坊的两面额枋和智慧海的前后殿额，各有3个字，连起来读正是佛家偈语："众香界，祇树林，智慧海，吉祥云。"老庄的道家思想在颐和园中也有反映，其中的谐趣园（图1-15）是仿无锡寄畅

图1-15 颐和园中的谐趣园（王文波/摄）

　　谐趣园在万寿山东麓，是一个独立成区、具有南方园林风格的园中之园。建园时名叫"寄畅园"，是仿无锡惠山寄畅园而建，意思是在山水之间寄情畅怀，体现的是道家思想。1811年重修后改名为"谐趣园"。

园修建的，建园之时也称寄畅园，后来在清嘉庆时改称谐趣园。"寄畅"的意思是在山水之间寄情畅怀，这是典型的老庄思想。谐趣园中的知鱼桥（图1-16）更是直接引用了庄子在濠水知鱼之乐的典故。至于江南私家园林，虽不如颐和园追求那么多，但也绝不是只反映一两种思想，这里就不多说了。

图1-16 颐和园中谐趣园内的知鱼桥（聂鸣/摄）

桥名源于中国古代两位哲学家庄子和惠施观鱼时的对话。庄子说："这些游鱼多么快乐呀！"惠施反驳道："你不是鱼，怎么知道鱼快乐？"庄子用对方的逻辑方法回答："你不是我，你怎么知道我不知道鱼的快乐？"

　　文学与园林的联系也是由来已久。首先，中国古典神话，尤其是"蓬莱仙岛"神话体系，对中国传统的造园布局有着广泛的影响，凿池堆山的布局成为中国园林中一个普遍的模式。从汉代开始，皇家园林中便有了一池三山的布局，直到今天颐和园的昆明湖中也仍然分布着南湖岛、治镜阁岛和藻鉴堂岛，以象征三座仙山。其次，诗文在园林艺术中也发挥着重要作用。在中国园林中，常有匾额、题词、楹联等书法艺术陈设其间，或点题应景，或抒情喻志，或令人神怡，或发人深思，起着画龙点睛的作用，使得中国园林充满着一种书卷气息，故而中国园林又被称为文人园。

　　再看园林与绘画的关系。中国园林讲究源于自然而高于自然，这正与传统的绘画有着共同的艺术追求。尤其在布局、搭配、置景等造园技法方面，传统的山水画对园林产生了巨大影响。中国文人画家并不只是临摹自然，他们更注重把握景物的本质，所以画家一般要通过自己的心悟，提炼出自己对自然的深层理解和哲学认识。而中国园林，尤其是私家园林，也正是由于文人追求接近自然，向往隐居山水间的田园生活而发展起来的，所以园林艺术从一开始就受到了文人山水画的影响。中国绘画非常注重写意，而非写实，往往画中有诗，意境深远。作画者比较注意整体的布局效果，调动观者的联想。往往寥寥数笔，便见波涛万顷；树枝几条，可想森林茂密。运用到园林艺术之中，便有"竖画三寸，当千仞之高，横墨数尺，体百里之回"，"一拳则太华千寻，一勺则江湖万里"。通过人工造景，移天缩地，将大自然中的景观汇集在有限的空间里，给人身处广袤自然的感觉。

　　不仅如此，中国园林还吸收了中国绘画含蓄有致的创作方法，反对一览无余，主张"山重水复疑无路，柳暗花明又一村"。中国园林的主景与高潮往往不是一进门就一目了然，而是犹抱琵琶半遮面，其精华部分要千呼万唤始出来，游览的高潮放在最后。这与西方园林开门见山，一眼观尽的手法迥然不同。中国园林还很讲究虚实相生，一如画法。相对来说，景观是实，空地是虚，虚实结合，变幻莫测，大大加强了艺术效果。比如道教圣地青城山前山建筑密集，是实；后山建筑疏落，是虚。这就使全园布局疏密有致，令人称奇。

在中国园林长期的造园实践中，还形成了一系列公认的观念，如种竹以示清高，松柏以象庄严，垂钓以寓隐逸，流觞便思兰亭之会等。所以古典园林意境的创造，就是巧妙地利用这些自然、历史、文化现象，引人产生联想，使之情景交融，创造出比眼前风景更为丰富的意境来。

总之，几千年悠久的历史文化所孕育的中国园林艺术，其文化内涵远远超出了一般的绿地、森林、山水、郊野等所显示的景观价值。中国园林与中国传统文化的联系千丝万缕，在这本小书里不可能面面俱到。这里要强调的是，海纳百川，故能成其大，一个小小的园林能包容下如此丰富多彩的文化内涵，这是中国先民了不起的创造。

2

争奇斗胜
——中国园林的种类

▌气势恢宏的皇家园林

　　在中国园林系统中，整体风格是大体一致的，但也有明显的个性差异，从而形成了中国园林的不同类型。其中既有凸显宏大气派和尊贵地位的皇家园林，又有追求小巧精致的私家园林，还有多建于名山胜地的寺庙园林。

　　中国的皇家园林有两种类型，一类是建在京城里面，与皇宫毗连，相当于私家的宅园，称为大内御苑，如北京故宫中的御花园和故宫边上的中、南、北三海；另一类则建在郊外风景优美、环境幽静的地方，一般与离宫或行宫相结合，分别称为离宫御苑和行宫御苑。行宫御苑供皇帝偶一游览或短期居住之用，如河北保定的古莲花池；离宫御苑则是皇帝长期居住并处理朝政的地方，相当于和皇宫相联系的又一处政治中心，如承德的避暑山庄。在中国古代，凡是与帝王有直接关系的宫殿、坛庙、陵寝等，都要利用其布局和造型来体现皇权的至高无上。皇家园林作为专供帝王及其家族享乐的地方，自然也不例外。到了清代前期，皇权的扩大达到了前所未有的程度，这在当时所修建的皇家园林中也得到了充分体现。例如圆明园后湖的9个岛屿，合称九州清晏，象征禹贡九州；东面的福海象征东

海；西北角上全园最高的土山紫碧山房，象征西北的昆仑山等。整个园林布局象征了全国的版图，从而表达了"普天之下，莫非王土"的皇权观念。由于帝王可以利用其政治上的特权与经济上的雄厚财力，占据大片土地营造园林供其享用，所以皇家园林的突出特点是规模宏大，包罗万象，富丽堂皇，气势磅礴。在这方面，寺庙园林和私家园林是望尘莫及的。

皇家造园追求宏大的气派和皇权的至尊，这就导致了皇家园林的园中园格局（图2-1）。大型的皇家园林，内部都有几十乃至上百个景点，其中就有对某些江南袖珍小园的仿制和对佛、道寺观的包容。同时出于整体宏大气势的考虑，往往安排一些体量巨大的单体建筑和组合丰富的建筑群，这样势必要有比较明确的轴线，或主次分明的多条轴线。原本强调因山就势，巧若天成的园林，也就多了一些规整和庄严。也正是由于这一点，使得皇家园林与私家园林的布局判然有别。

清代的皇家园林主要集中在华北，尽管大多是利用自然山水加以改造而成，但也要在营造风景的同时显示出一派皇家气象。这里重点说说颐和园和避暑山庄。

颐和园位于北京西北郊，最初为金代兴建的帝王行宫，明代改名好山园，乾隆十五年（1750）扩建，名清漪园。它是清代三山五园中最后的一座皇

图2-1 颐和园中画中游景观（三牛/摄）

画中游是颐和园中的一处园中园，在万寿山西部，是依山而筑的重要建筑群。中为八角两层楼阁，东西配置两亭两楼，西楼名为爱山，东楼称借秋，用爬山廊沟通。漫步游廊，有如置身画中。

27

图2-2 北京颐和园乐寿堂（聂鸣/摄）

乐寿堂是慈禧的寝宫，原建于乾隆十五年（1750），咸丰十年（1860）被毁，光绪十三年（1887）重建。乐寿堂面临昆明湖，背倚万寿山，东达仁寿殿，西接长廊，是园内位置最好的居住和游乐的地方。堂前有慈禧乘船的码头。"乐寿堂"黑底金字横匾为光绪手书。

家园林，历史上被英法联军和八国联军两次破坏。光绪十四年（1888），慈禧太后挪用海军军费白银3000万两重建，改名颐和园。此后成为慈禧太后长期居住兼进行政治活动的离宫御苑（图2-2），目前是中国保存最完整的一座大型皇家园林，占地面积约290公顷。

颐和园大体上由万寿山和山南的昆明湖组成。昆明湖中有南湖岛、藻鉴堂岛、治镜阁岛3岛，正是皇家园林传统的一池三山的布局。颐和园是采用这种布局的最后一座皇家园林，也是硕果仅存的一座。

在园林中建筑寺、观、祠庙是皇家园林的一大特色，尤以佛寺居多，

图2-3 从颐和园中佛香阁处俯瞰（三牛/摄）

颐和园前山以佛香阁为中心，组成巨大的主体建筑群。万寿山南麓的中轴线，起自湖岸边的云辉玉宇牌楼，经排云门、二宫门、排云殿、德辉殿、佛香阁，终至山巅的智慧海，层叠上升，气势磅礴。

几乎每座稍大的皇家园林中都有不止一座佛寺。颐和园中的主要建筑群便是位于万寿山前山中央部位的大报恩延寿寺。这组建筑由天王殿、大雄宝殿、多宝殿、佛香阁、众香界牌楼、智慧海等组成，顺应山势，从临湖的山脚一直延伸到山脊，形成一条明显的中轴线。而雄踞于石砌高台之上，金碧辉煌的佛香阁更成为颐和园的标志，也是全园的构图中心（图2-3）。

颐和园中也再现了许多江南的优美风光。园林本身仿照杭州西湖建

29

造，昆明湖上西堤的位置与走向都与苏堤相仿，甚至也有6桥；万寿山东麓的谐趣园是仿照无锡寄畅园建造的一座园中之园，规模不大但景色优美，它是在皇家园林中仿建江南园林最出色的例子；后湖区的苏州街（图2-4）则是仿照苏州、南京等地沿河街市建造的买卖街，令人感觉来到了江南水乡的闹市。这些民间的造园艺术极大地丰富了皇家园林的内容，成为皇家园林的又一重要特点。

避暑山庄，史称热河行宫，位于河北省承德市北部武烈河西岸。避暑山庄的修建历经清代康熙、雍正、乾隆三朝，前后延续将近90年的时间才算基本完工，是中国现存最大的皇家园林，总面积达564公顷。除宫廷区外，可分为三大景区：湖泊景区、平原景区和山岳景区。实际上是把大江南北的风景汇集于一园之内，突出表达了当年的统治者"移天缩地在君怀"的宏大气魄。湖泊景区具有浓郁的江南水乡情调，平原景区一派塞外草原风光，山岳景区象征北方的群山。山庄还把江南园林中的许多景点移植了过来，例如文园狮子林模仿苏州狮子林，金山亭（图2-5）再现了江苏镇江金山寺的景观，文津阁（图2-6）效法

图2-4 颐和园苏州街景色（逍遥游/摄）

　　颐和园后湖的苏州街是一个仿江南水镇而建的
买卖街。清朝时期岸上有各式店铺，其中的店员都
是太监、宫女装扮，皇帝游幸时才开始"营业"。
后湖岸边的数十处店铺1860年被列强焚毁，现在的
景观为1986年重修。

图2-5 承德避暑山庄金山亭（姚洪/摄）

　　承德避暑山庄的金山亭是模仿镇江金
山寺而建。在避暑山庄园内的亭、阁、
轩、榭中，金山亭是较有特色的一个，仿
造得很逼真，使人很容易联想起白娘子和
法海的斗法。

　　宁波天一阁，烟雨楼（图2-7）取自嘉兴南湖烟雨楼。这种模仿不是单纯的抄
袭，而是结合了北方特点进行了艺术再创造，使北方的皇家园林融入了民
间艺术的诗情画意，追求的是神似而不拘泥于形似。

　　避暑山庄之外，如众星捧月一般半环于山庄的是雄伟的寺庙群，依山
而建，形式各异，合称外八庙，是依照西藏、新疆、蒙古藏传佛教寺庙的

32

形式修建的，为汉、藏建筑艺术的集中体现。避暑山庄及周围寺庙群是一个有机整体，前者朴素淡雅，后者金碧辉煌，其风格形成强烈的对比。

图2-6 承德避暑山庄文津阁（聂鸣/摄）

文津阁建于乾隆三十九年(1774)，从整体布局、体量尺寸、建筑用材到施工方法，乃至书架款式，都与宁波的天一阁大致相仿。文津阁外观两层，实为三层，中间一层是阳光不能直射的藏书库。

图2-7 承德避暑山庄烟雨楼（一只鸟/摄）

避暑山庄烟雨楼模仿嘉兴烟雨楼而建。烟雨楼布局紧凑，庭院内古松挺拔，院外遍植荷、苇、蒲、菱，庄严、素淡形成对比。每当山雨蒙蒙之时，烟雨楼笼罩在雨雾烟云之中，宛若仙山琼阁，充满了神奇缥缈之美。

▌小巧玲珑的私家园林

中国的私家园林是以开池筑山为主的风景山水园林，多建在城市，并与住宅相连。这类园林大多是在江南和岭南地区，江南的私家园林多集中于苏州、扬州、杭州、无锡等地。苏州园林最多，其中沧浪亭、狮子林、拙政园、留园最负盛名，合称苏州四大名园。此外，苏州的曲园、怡园、耦园、网师园，扬州的个园、何园，无锡的寄畅园，上海的豫园（图2-8）等，都很有名。其中上海的豫园素有"东南名园之冠"的称号。

与华北的皇家园林相比，江南的私家园林占地甚少，小者一二亩，大者数十亩。在如此狭小的空间里，还要包容山水、花木、建筑等内容，要营造出令人流连忘返的景观，实在勉为其难；但南方人善于"螺蛳壳里做道场"，硬是把个方寸之地布置得小巧别致，韵味无穷。

江南的造园家们主要是运用含蓄、抑扬、曲折、暗示等手法来启发人的主观再创造，形成一种深邃不尽的意境，扩大人们对于实际空间的感受。其一体现在园林的布局上：大多以水面为中心，四周散布建筑、假山和花木，构成一个个景点。几个景点再组成景区，较大的园林可有几个景

图2-8 上海豫园（姚玲/摄）

　　豫园始建于1559年，距今已有400余年的历史，是上海老城厢仅存的明代园林。园内楼阁参差，山石峥嵘，湖光潋滟，素有"奇秀甲江南"之誉。1982年被国务院列为全国重点文物保护单位。

区。以弯弯的小路将景物彼此衔接，以九曲十八弯的小桥沟通水面本来不大的水池两岸；或以景致各异的层层院落相串，在弹丸之地创造出变幻不定、观之不尽的景致。

　　其二，所有的造园要素，如山、石、建筑等体量都较小，而且造型别致。飞檐翘角的建筑给人轻盈欲飞的感觉，消除了空间狭窄给人们带来的心理压

图2-9 山东潍坊十笏园的围墙（王景和/摄）

　　此墙造型奇特，比例适当，内外通透，本身就是园林景观中的建筑小品，这样就使围墙成为小巧玲珑的十笏园景观的一部分。

抑；建筑上的精致雕刻与曲线型的围墙 (图2-9) 又创造了几分活泼欢快的气氛。

　　其三，在园景的处理上，善于在有限的空间内有较大的变化，比如用粉墙、花窗或长廊来分割园景空间，但又隔而不断，掩映成趣。或通过画框似的一个个漏窗，形成不同的画面，变幻无穷。

　　其四，巧于因借。私家园林的门窗能够利用自身的框架和漏透作用恰到好处地将园景摄入，似隔非隔，使游人产生如画的感觉。更加巧妙的是，把远处的山水景物借入园内，与园内景物相得益彰。如苏州的拙政园 (图2-10) 远借苏州北寺塔，无锡的寄畅园远借惠山等。

36

图2-10 苏州拙政园景色（王晓东/摄）

　　苏州拙政园中部花园水面开阔，是拙政园的精华之所在，具有浓郁的江南特色。昔日遮挡景观的垂柳经过换植，游客们又能欣赏到三里之外的北寺塔，这可谓最能体现造园借景手法的著名景观了。从倚虹亭向西望去，北寺塔如在园内，塔尖倒映池中，令人神往。

图2-11 上海豫园和煦堂的内部陈列（封小莉/摄）

上海豫园和煦堂内陈列的一套家具，包括桌、椅、几和装饰用的凤凰、麒麟，都用榕树根制作，工艺精巧，造型别致，已有上百年历史。

其五，移步换景。江南私家园林讲究移步换景，每行一步，每一个角度，景色都有所不同，给人丰富而又变幻多姿的艺术感受。因此，私家园林最常见的是堂奥纵深，有虚有实，以最大限度地激发游人寻幽探胜的兴趣。有时在狭小的地方还要大园套小园，造成多变的空间。这种园中之园，又常在曲径通幽处，让人感到别有洞天，高潮迭起。

江南私家园林大都是文人、画家和士大夫营建的，比起皇家园林来可说是小本经营，所以更讲究细部的处理和建筑的玲珑精致。园林建筑的室内普遍陈设有各种字画、工艺品和精致的家具。这些工艺品和家具与建筑功能相协调，经过精心布置，形成了中国园林建筑特有的室内陈设艺术（图2-11），这种陈设又极大地突出了园林建筑的观赏性。如苏州留园的楠木厅（图2-12），家具都由楠木制成，室内装饰美观精致、朴素大方，形成了典雅的观赏环境。室内布局一般都采用习惯的对称手法，墙壁上的字画挂屏以及室外的石案、石礅等，也都采取对称的布局，在重复中富有节奏。室内外装修与家具陈设均以枣红、黑、栗三色为主，从而与整个园林朴素、高洁、淡雅的色调相适应。

图2-12 苏州留园的五峰仙馆内景（黄源/摄）

　　五峰仙馆的建筑用材非常奢华，由于梁柱和家具都是由楠木制成，俗称楠木厅。使用如此贵重的木材，可见五峰仙馆在留园中的地位非比寻常。

　　在色彩的运用上，为了适应炎热气候中寻找清凉环境的心理需求，江南的私家园林多用白色的墙、黑灰色的瓦和门窗框、栗色的梁柱。这恰恰与皇家园林建筑追求豪华壮丽、采用大红大绿的色调形成强烈的对比。

图2-13 东莞可园中的可亭（多吱/摄）

可园始建于清道光三十年（1850），园内亭台楼阁设计精巧，清一色的青砖结构给人古典优雅的美感。可园为清代广东四大名园之一，也是岭南园林的代表作，前人赞之"可美人间福地，园夸天上仙宫"。

　　江南私家园林的主人多为文人学士，能诗会画，善于品评，所造园林的主要功能在于修身养性，闲适自娱，所以园林风格极其清高风雅，充溢着浓郁的书卷之气。中国北方的皇家园林一般具有均衡、对称、威严、豪华的特点，而南方的私家园林却显得自由、轻巧、纤细、玲珑剔透。

　　岭南的私家园林，著名的有广东四大名园（佛山的梁园、番禺的余荫山房、东莞的可园（图2-13）、顺德的清晖园）、桂林的雁山园、厦门的菽庄花园、台湾四大名园（台南的吴园、板桥的林家花园、新竹的北郭园、雾峰的莱园）等。与江南私家园林多建在城市不同，岭南私家园林在选址上尽可能离开闹市，把园林宅第建在真山真水的大自然中，例如清晖园、梁园就建在小镇的边缘。岭南私家园林的规模比江南园林还要小一些，宅居和园林融为一体，设置不在乎大而全，而在于实用，园林功能是以适应生活起居为主。

　　岭南私家园林虽然也是围合封闭的，但采取开敞的方式进行布局，较

图2-14 广东番禺的余荫山房（张奋泉/摄）

　　余荫山房，又名余荫园，是清道光年间举人邬燕山为纪念其祖父余荫而建的私家花园。该园以"小巧玲珑"的独特风格著称于世，赢得园林艺术的极高荣誉，为广东四大名园之一。

多利用水面平坦开阔、视野宽广的特点，较好地把园外的空间和景色引入园内，以扩大视域的范围。岭南私家园林中的建筑占有举足轻重的地位，具有很强的实用性，往往是建筑包围着园林，园林的边缘建有假山、楼阁，这是岭南园林与江南园林非常明显的区别。如广东番禺的余荫山房（图2-14），占地面积仅1598平方米，整座园林布局灵巧精致，以藏而不露和缩龙成寸的手法，在有限的空间里分别建筑了深柳堂、榄核厅、临池别馆、

41

玲珑水榭、来薰亭、孔雀亭和廊桥等，而山石池水、花草树木等景物只是建筑的陪衬而已。这与江南园林中建筑物常常以小品的形式出现来突出园中景致的做法大有不同。另外，岭南私家园林还有碉楼（图2-15）、船厅（图2-16）、廊桥等，装修中大量运用木雕、砖雕、陶瓷、灰塑等民间工艺；园林植物以木棉、棕榈等为主，终年常绿，高大挺拔，具有南国情调。这都是与北方皇家园林和江南私家园林大异其趣的。

　　江南私家园林以含蓄、秀美为胜，这种造园风格与文人士大夫的隐逸

图2-15 东莞可园的制高点邀山阁（多吱/摄）

　　这是一座融中西建筑艺术于一体的碉楼，雕梁画栋，造型秀丽。邀山阁是可园观览远近景物的最佳处，登临此阁，俯瞰全园，则园中胜景均历历在目，犹如一幅连续的画卷。

图2-16 广东顺德清晖园的船厅（封小莉/摄）

船厅也叫旱船、舫、不系舟，是中国园林模仿画舫的特有建筑。船厅的前半部多三面临水，船首常设有平桥与岸相连，类似跳板，令人有置身船上的感觉。清晖园的船厅是仿照珠江画舫"紫洞艇"修建的两层楼舫。

思想有关。岭南私家园林主要根植于民间，园主人多为士绅、商贾或华侨，造园受到商品意识的影响，园林讲究实用，景象的展示也直奔主题。岭南私家园林的风格表现为开朗、明快、简洁，表达方式直接明了，不像江南私家园林那样含蓄，需要用心去体会。

总之，岭南私家园林不同于北方皇家园林的壮丽、江南私家园林的纤秀，而具有轻盈、自在与开放的岭南特色。

▍古色古香的寺庙园林

所谓寺庙园林，是指佛寺、道观、历史名人纪念性祠堂的园林，其小者仅有方丈之地，大者则涵盖整个宗教圣地，实际范围包括寺、观周围的自然环境，是寺庙建筑、宗教景物、人工山水和天然山水的综合体。寺庙园林在中国园林家族中是一个庞大的分支，论数量，它比皇家园林和私家园林的总和还要多出很多倍；论特色，它具有一系列皇家园林和私家园林难以具备的特长；论选址，它突破了皇家园林和私家园林在分布上的局限，可以广布于自然环境优越的名山胜地，正如俗谚所说"天下名山僧占多"；论优势，自然风光的优美，环境景观的独特，天然景观与人工景观的高度融合，内部园林气氛与外部园林环境的有机结合等，都是皇家园林和私家园林望尘莫及的。

(右) 图2-17 陕西佳县的香炉寺（王文波/摄）

香炉寺位于佳县城东200米的香炉峰顶，东临黄河，三面绝空，仅西北面以一小路与县城古城门相通。峰前有直径5米高20余米一巨石矗立，与主峰间隔2米，形似高足香炉，香炉寺即由此而得名。

图2-18 江苏镇江金山寺（谢光辉/摄）

　　金山寺始建于东晋明帝时。该寺建筑风格独特，殿宇厅堂，亭台楼阁，全部依山而建，形成楼上有塔、楼外有阁、阁中有亭的奇特格局。另有许多历史典故与动人传说，如梁红玉擂鼓战金山，白娘子水漫金山等，脍炙人口，广为流传。

　　寺庙园林较之皇家园林和私家园林的最大特点首先体现在选址上，皇家园林多建于京都城郊，私家园林多建于宅第近旁，而寺庙园林则大多挑选自然环境优越的名山胜地。像陕西佳县的香炉寺（图2-17）位于黄河西岸的悬崖峭壁上，脚下即为奔腾而过的滔滔黄河。江苏镇江的金山寺（图2-18）依

图2-19 杭州灵隐寺大雄宝殿（陈业莹/摄）

灵隐寺始建于东晋咸和元年（326），为杭州最早的名刹。地处杭州西湖以西，背靠北高峰，面朝飞来峰，两峰夹峙，林木葱茏，深山古寺，云烟万状。是全国重点文物保护单位。

孤峰金山而建，重楼华宇，鳞次栉比，极为壮观。昆明西山的道教宫观三清阁，背倚青山，面朝滇池，碧波白帆尽收眼底。杭州灵隐寺（图2-19）深隐在西湖的群山密林之中，坐观冷泉，仰视飞来峰。浙江雁荡山的观音洞（图2-20），远望为一天然山洞，入内则楼宇高耸；大殿左侧飞泉洒落，水珠串

图2-21 北京潭柘寺鸟瞰
（胡维标/摄）

潭柘寺位于北京西部门头沟区的潭柘山麓，寺内古树参天，佛塔林立，殿宇巍峨。整座寺院建筑依地势而巧妙布局，错落有致，以黄色房顶的大雄宝殿为主体建筑，前后形成了一条主轴线。更有翠竹名花点缀其间，环境极为优美。

（左）图2-20 浙江雁荡山的观音洞（谢光辉/摄）

观音洞始建于北宋崇宁五年（1106），本是雁荡山合掌峰"掌心"中的一个天然洞天，高113米，宽14米，深76米。洞内倚崖建有佛寺9层，从山脚拾级而上，要走403级石阶，方可到达最高层的大殿。殿内供奉观音塑像和十八罗汉。

串，是难得一见的寺庙景观。总之，无论是蛰居于名山大川，还是潜隐于深山幽谷，寺庙园林总是建在最亲近大自然的地方。

其次，由于它具有宗教性质，是服务于宗教生活的景观环境，因此，它首先要满足信众在寺庙中从事宗教活动的需要。这就要求寺庙园林的建筑必须适应宗教活动的基本格局，并且必然成为寺庙园林的中心。比如佛教寺院往往形成轴线式的多进院落：从山门、钟鼓楼、天王殿、大雄宝殿、藏经阁，直到僧舍、佛塔、石室，都要按照从事宗教活动的顺序逐一有序地展开，形成充满宗教色彩的固定组合；再加上佛塔、经幢、碑刻、摩崖造像等宗教小品点缀其中，形成了既具有宗教氛围，又令人心旷神怡的优美环境。就连寺院中的水池，也多是供善男信女积德行善用的放生池。比如北京的潭柘寺（图2-21）、卧佛寺

图2-22　北京卧佛寺的放生池（聂鸣/摄）

《大智度论》云："诸余罪中，杀业最重；诸功德中，放生第一。"因此放生池是许多佛寺中都有的一个设施，以便信徒将各种水生动物如鱼、龟等在这里放生。

图2-23　江西龙虎山上清宫一隅（李建球/摄）

上清宫是龙虎山道教最重要的场所之一，是旧时张天师从事阐教演法、传道授箓等重大法事活动的地方。上清宫的殿、阁、楼、院遍布山间，其规模之宏大不但为江南道教宫观之冠，而且在全国也是首屈一指。

（图2-22）就是典型的例子。道教宫观则根据八卦方位，乾南坤北（即天南地北），以子午线为中轴，形成坐北朝南的布局，使供奉道教尊神的殿堂都设在中轴线上。两边则根据日东月西、坎离对称的原则，设置配殿供奉诸神。山门以内，正面设主殿，两旁设灵官殿和文昌殿，沿中轴线上，设规模大小不等的玉皇殿或三清殿、四御殿。这种形式的道观以道教正一派祖庭江西龙虎山上清宫（图2-23）和全真派祖庭北京白云观为代表。

　　寺庙园林的建筑格调通常是质朴素雅，尽量避免皇家园林中殿宇的奢华富丽。除了为表现神仙世界的神秘逍遥而在大殿内有一些彩绘、彩塑之外，一般建筑的外观色彩都比较素雅内敛，如红为暗红，青为靛青。佛教圣地四川峨眉山上的一些庙宇，甚至不加油漆粉饰，一仍原有本色，不仅看起来古色古香，而且与清幽的山林环境融合无间。寺庙园林建筑与环境协调的例子很多，如乐山乌尤寺（图2-24）和大佛寺（图2-25），以临近山上的红砂岩为建筑材料，门窗墙柱也用暗红色，与大环境中的云崖和古木相衬，

图2-24 四川乐山的乌尤寺（王俊/摄）

　　乌尤寺坐落在乌尤山顶，为唐代名僧惠净法师所建。寺中有罗汉堂等许多楼台殿宇，绿瓦红墙，掩映其间，寺周围竹木扶疏，显得格外清幽。

图2-25 四川乐山凌云寺（魏德智/摄）

　　乐山凌云寺，又名乐山大佛寺，位于四川省乐山市城东岷江、青衣江、大渡河汇流处的凌云山栖鸾峰上。

51

图2-26 四川都江堰青城山山道栈桥（陈一年/摄）

　　道教圣地四川青城山上的这座小桥，采用不加修饰的杉
树圆木搭建而成，不仅就地取材节省成本，更重要的是保持
了天然的特色。

　　显得十分自然。道教圣地四川青城山上的小桥（图2-26）和亭子，多取近旁的
杉树为材，不求修直，不去外皮，以树皮为盖；或干脆以树干为亭柱，以
树根为桌凳，再以枯枝古藤装饰栏杆，不似雕工而胜似雕工，更富有天然
之趣。

　　我们知道，中国的古典建筑以木结构为主，风雨剥蚀，很难长久，几
十年或上百年之后，就要修葺甚至重建，因而不易显示年代之久远。而古

树名木却可以虬枝录岁月，疤痕记流年，给人幽深古远的历史沧桑感。在这方面寺庙园林是得天独厚的，无论是入世的儒家孔庙，还是出世的佛教禅林、道教宫观，无不着意保护古树名木。因此，很多历史悠久的寺庙园林总是古树参天，绿荫匝地。如山东曲阜的孔庙、孔府、孔林（简称"三孔"）不仅以其悠久的历史和众多的文物古迹闻名于世，而且也是古树汇聚之地。"三孔"内生长的17000余株古树名木不仅见证了"三孔"的发展历史，同时也是研究古代物候学、气候学和生态学的宝贵素材。

中国的高僧们都是用银杏树来代替佛门圣树菩提树的，所以古银杏大多见之于寺庙园林之中。如北京著名的古银杏树有潭柘寺的唐代帝王树（图2-27）、辽代配王树，西峰寺的宋代银杏王等。另外，像金山寺、卧佛寺、

图2-27 北京潭柘寺的"帝王树"（王粉娟/摄）

北京潭柘寺的唐代"帝王树"距今已有1300多年。古银杏巍然屹立在寺内的毗卢阁殿前东侧，其郁郁葱葱的绿冠高达30多米，粗壮挺拔的树干周长达9米。

八大处大悲寺、五塔寺以及上方山和沟崖的古庙遗址中，都有著名的古银杏树。北京大觉寺中有所谓"大觉六绝"，其中的三绝就是古木：300年前的白玉兰、抱塔松和6人方可合抱的辽代银杏王。红螺寺的大雄宝殿前，有两棵唐代银杏（图2-28），高约30米，雄树每逢春天繁花满枝，雌树每至秋季果实累累，也是寺中三绝之一。

　　皇家园林常常因为改朝换代而毁掉，私家园林也难免因主人家道中落而衰败，相比之下，寺庙园林却具有相对稳定的连续性。一些著名的寺庙园林往往历经若干个世纪的持续开发，有着众多的宗教史迹与历史故事，更有历代文人雅士留下的摩崖碑刻和楹联诗文，使寺庙园林具有丰厚的历史文化积淀。寺庙园林的开发，使自然景观与人文景观相交织，也使朝山进香与游览园林相结合，起到了以游览观光吸引信众的作用。

（左）图2-28 北京红螺寺的
银杏树（吴家林/摄）

　　北京红螺寺大雄宝殿前的
银杏树，乃唐代遗物。历经千
年仍生机不减，见证着朝代的
更替和历史的变迁。

天地一园
中国园林

3

巧夺天工

——中国园林四大造园要素

▌ 叠 山

中国园林的造园要素很多，最重要的有叠山、理水、建筑和花木四大类，其中叠山是园林风景形成的骨架，理水是园林景观的脉络，建筑是联系人文景观与自然景观的媒介，花木则是园林景观蕴含生命力的宝库，它们共同组合成为完整的园林艺术品。

在中国人的旅游生活中，山景是占据第一位的，那么作为自然景观缩小版的中国园林，当然要把山景的构建作为造园的第一要素，甚至有"造园必须有山，无山难以成园"的说法。园林中的山有真有假，许多皇家园林和寺庙园林都是依自然山水形势而构建的，因此其中的山多是真山。但更多的园林，特别是私家园林，则以人造的假山为主。即便是在真山园林中，也多有假山的点缀，从而使园林具有源于自然而又高于自然的文化内涵。

园林内使用天然土石堆筑假山的技艺叫作叠山，它是中国园林最典型、最独特的造景方法。一般来说，园林的叠山要少而精，突出重点，所以往往用一两块形质优美的巨石作为主题来点缀园林空间。例如苏州留园的冠云、瑞云、岫云三峰，都是独石成峰，而且是选用玲珑剔透的完整太

57

湖石，具备透、漏、瘦、皱、清、丑、顽、拙等特点。其中冠云峰 (图3-1)
高达6.5米，清秀挺拔，享有"江南园林峰石之冠"的美誉。为了衬托和突
出冠云峰，总体布局以冠云峰为主景，旁立瑞云峰与岫云峰，作为陪衬。
冠云峰之北有冠云楼，西面有曲廊，东面是冠云亭和仁云庵，南面有冠云

台。上海豫园有一块仅次于苏州留园冠云峰的巨石——玉玲珑（图3-2），相传是宋代花石纲遗物。玉玲珑亭亭玉立，像一枝生长千年的灵芝，高约3米，宽1.5米，重3吨

图3-1　苏州留园的冠云峰（树莓／摄）

　　苏州留园的冠云峰是一块完整的太湖石。冠云峰位于留园东部，林泉耆硕之馆以北，因其形又名观音峰，是苏州园林中著名的庭院置石之一，充分体现了太湖石"透、漏、瘦、皱、清、丑、顽、拙"的特点。

左右，上下都是孔洞，赛似人工雕刻。园主还专门在玉玲珑之北建造玉华堂，用华美的厅堂来烘托它，玉玲珑就成了豫园的镇园之宝。广州的千年古园九曜石，又名九曜园，因园内有9块奇石而得名。园内以九曜石为主体，组成水石庭院。九曜石体形巨大，形态古朴，色泽晶莹，浑厚苍劲，把园景点缀得极富天然风韵。许多文人雅士到此一游，在石上题刻，篆、隶、楷、行、草五体俱全。其中有宋代著名书法家米芾题写的碑刻《九曜石》诗："碧海出蜃阁，青空起夏云。瑰奇九怪石，错落动乾文。"真可谓园以奇石显，石以书法名。

小块的山石照样可以点石成景。这类叠山艺术特别讲究因地制宜，比如梅边点石宜古朴，松下点石宜古拙，竹旁点石宜瘦硬，蕉旁点石宜顽强，方能达到园林艺术的效果。

不同的山石置于园林之中，可以产生不同的艺术效果。例如，为了表现春天的意境，常用修竹千竿，配置瘦高的石笋，以此表达春意。夏天的意境，则多用玲珑剔透的太湖石，构成峭壁危峰，山脚清流环绕，山顶浓荫覆盖，再以藤蔓盘绕，构成清意幽深的环境。秋山则常用黄石堆叠成峻峭的山势，黄石丹枫，倍增秋色。冬山则多用色泽洁白、石体圆浑的宣石，叠置于墙的北侧，以产生积雪未化的艺术效果。

在旱地堆叠假山和在水畔堆叠假山各有不同的讲究。北京故宫内御花园的假山 (图3-3)，可称旱地堆叠假山的一个范例。此园地势平坦，既无自然山岭可倚，又无人工水面可借，所以只能以人工山景为主，用大量的叠山作为园中的艺术点缀。在整个园林中山石争奇斗胜，姿态万千。叠山的艺术手法，诸如山峦、峭壁、洞谷、巅峰等，几乎应有尽有。雄奇、峭拔、幽邃、平远的山林意境层出不穷，变化有致。无锡寄畅园的西部假山，也基本上是一座以土为主、以石为辅的旱地假山。造园者在假山的造型上，模拟了惠山九峰连绵之状，把假山当作惠山的余脉来布置，堆成坂

图3-2 上海豫园的镇园之宝——"玉玲珑"（封小莉/摄）

　　相传"玉玲珑"是宋徽宗当年在汴京建造花园艮岳时，从全国各地收"花石纲"因故未被运走的"艮岳遗石"，具有太湖石"皱、漏、瘦、透"之美。

图3-3 北京故宫御花园中的假山局部（聂鸣/摄）

　　虽是叠砌的假山，但由匠师们精心设计和巧妙地使用大小不一、形状各异的太湖石，在比较狭小的地面上拔地而起，叠成一座怪石嶙峋、岩石陡峭的假山，因而增添了观赏的趣味。

坡的形式，使它与惠山雄浑自然的气势互为对称。假山高度一般在3~5米之间，一方面与东部水池的比例照应；另一方面与锡、惠两山的尺度相宜。这样就把假山与真山融成一体，看不出人工斧凿的痕迹了。

　　在中国园林中，依山傍水堆叠假山是最常见的形式。因为"水令人远，石令人古"，二者在性格上是一刚一柔，一动一静，起到了相映成趣

61

图3-4 上海豫园大假山（封小莉/摄）

　　豫园大假山是中国江南现存最古老、最精美、最大的黄石大假山，位于豫园西北角，高14米，由2000吨浙江武康黄石叠成，为明代叠山大家张南阳设计建造，被誉为中国黄石假山第一。

的效果。上海豫园仰山堂前的大假山（图3-4），依水而建，是江南现存明代用黄石堆叠的第一大山。峰峦层叠，丘壑多变，有虚有实，变化多端。忽而登山鸟瞰，博览满园景色；忽而沿临池小径濒水仰视，古树参天。在有限的园地中，创造了空间无限的错觉，大有咫尺山林之感。苏州的狮子林（图3-5），向来以湖石假山众多而著称，以洞壑盘旋出入的奇巧而取胜，素有"假山王国"的美誉。园中的假山，大都依水而建，东南多山，西北多水。园中石峰林立，均以太湖石堆叠，玲珑俊秀。有含晖、吐月、玄玉、昂霄等名称，还有木化石、石笋等，均为元代遗物。山形大体上可分为东西两部分，各自形成一个大环形，占地面积较大。山上满布着奇峰巨石，大大小小，各具姿态。多数像形态各异的狮子，千奇百怪，不可名状。石峰间生长着粗大的古树，枝干交叉，绿叶掩映，从外部看上去，只见峰峦起伏，气势雄浑，很像一座深山老林。而石峰底下却又全是石洞，显得处处空灵。石洞高下盘旋，连绵不断，曲径通幽，峰回路转。忽而登上山峰，忽而翻入洞穴；眼看山穷水尽，却又豁然开朗；明明相向而来，忽又背道而去；隔洞相遇，可望而不可即。看看似乎不远，走走却左弯右曲，半天也绕不出来。有时只闻其声，不见其人，有时对面见人，但又难近其身。看似近在眼前，却不能一同行走，犹如诸葛亮摆下的八卦阵一般。据传此园曾邀请元代大画家倪云林等共同设计，故其假山若立体的画，既趣味横生，又奥妙无穷。

图3-5 千姿百态的苏州狮子林假山（王琼/摄）

千姿百态的湖石，多数像狮子，大大小小有500多头，有怒吼的，有酣睡的，有嬉戏打闹的；或躺或立，或大或小，或肥或瘦；有像鹰的，像鱼的，像鸟的，还可找到十二生肖图，让人叹为观止。

▌ 理 水

　　山水是中国园林的主体和骨架。如果说山支起了园林的立体空间，以其厚重雄峻给人古老苍劲之感，那么，水则开拓了园林的平面疆域，给人宁静幽深之美感。山因水活，水随山转，山水相依，相得益彰。"问渠那得清如许？为有源头活水来。"无源之水，必成死水，这是中国园林的大忌。承德避暑山庄和北京圆明园正因为水源充足，才可能建造出众多的

图3-6 北京圆明园的人工水源福海（刘朔/摄）

　　圆明园以水景取胜，其中最大的水面是东部的福海，取"福如东海"之意。福海宽600多米，海的中央有3个以桥梁连在一起的大小不同的方形岛。

64

湖泊、溪流景观。然而要找到活水谈何容易，因此在造园时必先设置一处人工水源，凿池堆山，改造地形，制造人工水面（图3-6）。这就是所谓理水，也就是对园林中的水景进行处理。理水与叠山同样重要，都是中国造园的传统艺术手法。

中国园林中的水可以分为静水和动水两大类。静水是指园林中成片汇集的水面，常以湖泊、池塘等形式出现。静水能反映出周围景物的倒影，如新绿、晴空、红叶、雪景等，五彩缤纷，美不胜收；在风的吹拂下，则波光粼粼，浪花朵朵，令

图3-7 杭州西湖苏堤（谢光辉/摄）

苏堤是一条贯穿西湖南北风景区的林荫大堤，南起南屏山麓，北到栖霞岭下，全长近3千米，堤宽平均36米，将大面积的水面加以分割，以增加层次感。苏堤春晓为西湖十景之首。

人浮想联翩，遐思无限。静水若以水面的大小来划分，主要有以下几种形式。

　　湖泊：这是大型园林中常用的理水方式，往往在建造园林时借用原有的地形、河道，因势而起，如北京颐和园的昆明湖和杭州的西湖就是如此。这类水体因面积较大，为了增加层次感，多加以分割。故颐和园有东堤、西堤之分，西湖有白堤、苏堤（图3-7）之别。与此同时，往往以安排岛屿、布置建筑的手法，增加曲折深远的层次，形成一种离心和扩散的格局。以大水面包围建筑物，是中国园林中构成水景开敞空间的常用手法，如西湖的平湖秋月、三潭印月等，都是大水面环抱建筑，并以水景而得名。在如此大型的水景中极目远眺，水天一色，上下相连，使人顿生空间

图3-8 苏州网师园
（慧眼/摄）

网师园园林部分占地8亩多，是中国江南中小型古典园林的代表作。网师园布局精巧，结构紧凑，以建筑精巧和空间尺度比例协调而著称。

无限之感，加之水面上阴晴雨雾的变化，更可激发观赏者的各种想象。同时，对于开阔水面的处理，造园家常常以添景、借景的手法加强景深和层次的感染力。比如颐和园的昆明湖东南岸，近则以柳丝添景，远则借西山玉泉山景，真是匠心独运，令人叫绝。

池塘：大型水面固然可以使人产生浩渺的空间感，但是在中国园林，尤其是江南私家园林中，由于用地规模不大，水体自然只能以池塘的形式为主了。这类池塘大者数亩有余，小者一席见方，虽然没有湖泊的浩瀚，却可以小中见大，以少胜多，这同样是中国园林理水的常见手法。如苏州网师园（图3-8）内的池塘面积仅20米见方，但由于水池周围筑有回廊、水榭，植以垂柳、碧桃，清池倒影，也自有妙境。

67

图3-9 北京香山公园的见心斋（王琼/摄）

　　见心斋建于明代嘉靖年间，清嘉庆年间重修，是皇帝训诫臣属的地方。建筑占地6亩，亭、台、廊、榭布局精巧别致，有江南园林风格。

　　这类园林常常以池塘为中心，沿池塘四周环列建筑，从而形成一种向心、内聚的格局。这种方式在北方的皇家园林中有较多的运用，如香山公园见心斋（图3-9）根据自然地形做成不对称的半圆形池塘。池岸随曲就方，刚柔相济，又以圆形水廊环抱。由于采用这种布局形式常可使有限的空间具有开阔的感觉，所以更加适合于小型园林。至于池塘本身的形状，最忌讳规整的几何图形，应尽可能采用不规则的形式，池岸也应该曲折起伏，如苏州寄畅园、网师园、鹤园和颐和园中的谐趣园等。

　　水潭：造园家往往在一个园林的中心位置留出一块水面，边角附着一

图3-10 上海南翔古漪园的水潭（黄源/摄）

古漪园以绿竹依依、曲水幽静、建筑典雅、韵味隽永的楹联诗词以及优美的花石小路等五大特色闻名。独到精巧的艺术构思，使古漪园更显出古朴、素雅、清淡、洗练的气韵。

两个小水潭。这种水面的布置主要有心字形、云形、水字形、流水形和葫芦形5种基本形态。这种小水面在江南私家园林中有较多的应用，如苏州的网师园、狮子林，上海南翔的古漪园（图3-10）等。大片的水面可以栽植荷花、睡莲、藻类等观赏植物，以再现林野荷塘的景色。较小的水面则只适宜放养观赏鱼类，再配以小桥、小亭，可以使园水览之有物，妙趣横生。

另一大类是动水，也称流水，是指带状流动的水面。它既有狭长曲折的形状，又有宽窄高低的变化，还有深远的效果。流水叮咚，波光粼粼，令人目眩。最常见的动水有：

图3-11 济南的趵突泉
（刘军/摄）

趵突泉是以泉为主的特色园林。该泉位居济南七十二名泉之首，被誉为"天下第一泉"，也是最早见于古代文献的济南名泉。趵突泉是泉城济南的象征与标志，与千佛山、大明湖并称为济南三大名胜。

图3-12 杭州的九溪十八涧局部（任鲸/摄）

九溪十八涧位于西湖西面的群山中，发源于龙井村与杨梅岭，蜿蜒曲折流入钱塘江。途中汇合了青湾、宏法、方家、佛石、百丈、唐家、小康、云栖、诸头的溪流，故称九溪。溪水一路上穿越青山翠谷，又汇集了无数细流，所以称"九溪十八涧"。

泉瀑：泉为地下涌出的水，瀑是断崖跌落的水，中国园林常常把水源做成两种形式：或为天然泉水，如济南的趵突泉（图3-11）；或为人工水源。泉源的处理，一般都做成石洞之类的形状，看上去幽暗深邃，似有泉涌。瀑布有线状、帘状、分流、叠落等形式，通常的做法是将山石叠高，地下挖池做潭，水从高处飞流直下，击石喷溅，有声有色。

溪涧：溪涧是泉瀑之水从山间流出的一种动态水景，水流一般都会弯弯曲曲，以显示其源远流长，绵延不绝。溪涧多用自然石岸，两岸树木掩映，呈现出山水相依的景象，如杭州的九溪十八涧（图3-12）。有时造成河床砾石暴露，流水激湍有声，如无锡寄畅园的八音涧。曲水也是溪涧的一种，如浙江绍兴兰亭的曲水流觞（图3-13），文人雅士坐在水渠两旁，在上游

图3-13 浙江绍兴兰亭的"曲水流觞"（蒙嘉林/摄）

　　所谓的"曲水流觞"，就是游乐者引水环曲成渠，曰"曲水"；然后将盛酒的"觞"浮于水面，使之顺流漂下。当杯子缓缓经过宾客面前时，即可取过一饮而尽，然后吟诗作赋，以为娱乐。

放置酒杯，任其顺流而下，杯停在谁面前，谁即取饮，彼此相乐。北京潭柘寺行宫院内的流杯亭（图3-14），在亭子中的地面上凿出弯曲成图案的石槽，让水缓缓流过，别有一番情趣。

河流：河流水面如带，水流平缓，在中国园林中常常用狭长的水池来代表，使景色富有变化。河流可长可短，可直可弯，有宽有窄，有收有放。河流多用土岸，配植适当的植物；也可造假山插入水中形成"峡谷"，显出山势峻峭。纵向看，颇能增加风景的幽深感和层次感。例如北京颐和园的后湖、扬州的瘦西湖（图3-15）等就是如此。

图3-14 北京潭柘寺行宫院内的流杯亭（聂鸣/摄）

　　亭内用汉白玉铺地，石面上刻有一条弯曲盘旋的石槽，图案十分奇特：从南向北看像龙头，从北向南看则像虎头。水从亭外东侧的一个汉白玉雕的龙头口中流出，沿引水石槽从东侧入亭，几经盘旋之后，从西侧流出。

图3-15 扬州瘦西湖（阳光游子/摄）

　　瘦西湖清瘦狭长，水面长约4公里，宽不及100米。它原是纵横交错的河流，历次经营沟通，运用中国造园艺术的特点，因地制宜地建造了很多风景建筑。瘦西湖犹如一幅山水画卷，既有天然景色，又有扬州的独特风格，是国内著名的风景区之一。

▌建 筑

园林建筑不同于一般建筑，它是园林的重要组成部分。无论是皇家园林、私家园林，还是寺庙园林，都有一定数量的园林建筑。无论是天然山水园，还是人工山水园，就园林的总体而言，一般都以山水风景为主，建筑只为观赏风景和点缀风景而设置，以形成富有自然山水情调的园林艺术效果。园林建筑除了满足游人遮阳避雨、驻足休息、林泉起居等多方面的实用要求外，总是与山水、花木、动物等密切结合，组成风景画面（图3-16）。但从局部来看，建筑往往是景观的重点所在，有时还起着园林中心景观的作用。甚至有人把建筑比作中国园林的"眼睛"，意思就像人一样，有了眼睛才有神采。

中国园林中的建筑形式多种多样，主要有厅、堂、楼、阁、馆、轩、斋、榭、舫、亭、廊、桥、墙、塔等。

厅：通常是园林的主体建筑，也是全园布局的中心，其特点是造型高大，空间宽敞，装修精美，陈设富丽。厅的功能是满足会客、宴请、观赏花木或欣赏小型表演需求。一般的厅都是前后开窗设门，但也有四面都开

图3-16 广东顺德清晖园澄漪亭和六角亭（封小莉/摄）

特色的岭南建筑与池中的莲花交相呼应。整个园林以尽显
岭南庭院雅致古朴的风格而著称，利用碧水、绿树、漏窗、石
山、小桥、曲廊等与亭台楼阁交互融合，显得清雅优美。

落地门窗的，称为四面厅，以方便观赏周围景物。如苏州拙政园的远香堂
就是典型的四面厅，其厅位于中部水池南面，四周落地长窗镂空，环顾四
面景物，犹如观赏长幅画卷。

　　堂：往往位于建筑群的中轴线上，规制严整，装修华丽，正面开设门

图3-17 上海豫园点春堂内景（姚玲/摄）

堂内雕梁画栋，工艺精细，古朴宽敞。点春堂上的金色大匾，笔法苍劲，刚柔并济。朱红大柱、宏大斗拱和深远的出檐，均给人雄壮有力的直感。

窗，封闭院落布局。一般来说，不同的堂具有不同的功能，比如北京颐和园的乐寿堂是慈禧太后会见朝廷官吏议事的地方。上海豫园的三穗堂用于会客，点春堂（图3-17）用于宴请、观戏，玉华堂则是书房。

楼： 楼是两层以上的屋，其位置大多在厅堂之后，在园林中一般用作卧室、书房或用来观赏风景。由于楼高，常常成为园中一景。

阁： 与楼近似，但较小巧，形体比楼更通透。平面为方形或多边形，多为两层的建筑，四面开窗。一般用来藏书、观景，或供游人休息品茶，也用来供奉巨型佛像。

馆： 可供宴请宾客之用，其体量有大有小，与厅堂稍有区别。大型的馆，如留园的五峰仙馆等，实际上是主厅堂。馆有时也置于次要位置，以作为观赏性的小建筑，如留园的清风池馆。

轩： 建在较高地点的小屋或带窗户的长廊。但不少园林中的轩并不在高处，而是一座有较好环境的厅堂，例如苏州网师园的看松读画轩，拙政

图3-18 北京北海的静心斋（阿酷/供）

静心斋位于北海西北岸，是北海公园最大的一处"园中园"。静心斋原名镜清斋，创建于清乾隆二十年（1755）前后，是皇太子的书斋。清末，慈禧对这里进行大规模扩建、修缮，1913年改名为静心斋。

园的听雨轩等。在园林建筑中，轩这种形式是一种点缀性的建筑，虽然不是主体，但也要有一定的视觉感染力，可以看作是引景之物。如网师园中的竹外一枝轩，可谓引人入胜。拙政园中的与谁同坐轩，是一座扇形的建筑，形象生动、别致。

斋：供读书用，环境隐蔽清幽，尽可能避开园林中主要的游览路线。斋的建筑式样较简朴，常附以小院，种植梧桐、芭蕉等树木花卉，以创造一种清静、淡泊的情趣。比如北海公园的静心斋（图3-18），是园中保存最完整、最幽美的一处小园，曾经作为乾隆皇帝的书斋，有"乾隆小花园"之称。

图3-19 苏州网师园中的濯缨水阁（慧眼/摄）

　　濯缨水阁 取《楚辞·渔父》"沧浪之水清
兮"之意而得名，表示避世隐居、清高自守之意。

　　榭：一般是临水而建的，所以又称水榭。通常是在水边筑平台，平台
周围有矮栏杆，屋顶通常用卷棚歇山式，檐角低平，显得十分简洁大方。
榭的功用以观赏为主，又可作休息的场所。榭都是小巧玲珑、精致开敞的
建筑，而且多设于水的南岸。如苏州网师园中的濯缨水阁（图3-19），苏州怡
园中的藕香榭（图3-20）等，都是朝北的。这是因为水榭在南，水面在北，顺
光观景，所见之景向阳而富于美感；反之则水面反射阳光，观之刺眼，很

图3-20 苏州怡园中的藕香榭（树莓/摄）

藕香榭是怡园中的主要厅堂，为一座鸳鸯厅式的四面厅。北临池水，南向庭院，右为小桥流水，左右有亭轩洞壑，由此可至西部各景区。

图3-21 苏州狮子林的石舫（聂鸣/摄）

这是仿真石船，尾舱两层，上层通平台，游人可到此眺望远景。整个造型酷似现实中的画舫，但它又明显带有佛教普度众生的寓意。

煞风景。

　　舫：水边或水中的船形建筑，前后分作3段，前舱较高，中舱略低，后舱建两层楼房，供登高远眺。但是舫这种建筑在中国园林中具有特殊的意义，它表示园主隐逸江湖，不想过问政治。舫在不同场合也有不同的含意，如苏州的狮子林，本是佛寺的后花园，所以其中的舫含有普度众生之意（图3-21）。中国古人相信"水可载舟，亦可覆舟"，而颐和园中

图3-22 北京颐和园中的石舫（tictoc912/摄）

　　这个石舫在颐和园万寿山西麓岸边，建于清乾隆二十年（1755）。船体用巨石雕成，长36米，在英法联军入侵时，舫上的中式舱楼被焚毁。光绪十九年（1893），按慈禧意图，将原来的中式舱楼改建成西式舱楼，并取名清晏舫。

的石舫（图3-22），由于永远倾覆不了，所以含有江山永固之意。

　　亭：中国许多园林都有亭。亭的特征是有顶而无墙，只以亭柱做支撑。它供游人休息、观景，而它本身又成为可供观赏的景点。不仅如此，亭在园景中还往往是个亮点，能起到画龙点睛的作用。如苏州拙政园水池中的荷风四面亭，四周水面空阔，在此形成视觉焦点。又如沧浪亭，位于

图3-23 北京颐和园长廊（王远/摄）

　　此长廊全长728米，共273间，是一条五光十色的画廊，廊间的每根枋梁上都绘有彩画，共14000余幅，色彩鲜明，富丽堂皇。它因长度和丰富的彩画在1990年就被收入了《吉尼斯世界纪录大全》。

假山之上，成为全园的中心，形象显豁，甚为可观。

　　廊：独立而有顶的通道，有的还设栏杆。廊在中国园林中被广泛使用，它可以避雨雪遮太阳，供游人往来廊中观赏园景，所以又称为游廊。在中国园林中，最有名的廊当属颐和园中的长廊（图3-23）。该长廊全长728米，共273间，沿着长廊看山赏水，美不胜收，令人神往。1990年，长廊因建筑形式独特、绘画丰富多彩，被评为世界上最长的画廊。

　　桥：由于水是中国园林的命脉，所以因水架桥便成为不可或缺的景

图3-25 上海豫园的龙墙（聂鸣/摄）

豫园的围墙，顶上饰以龙头，并用瓦片组成鳞状，象征龙身，墙顶起伏蜿蜒，状如游龙。龙墙把园林30多亩的地方分隔成不同的景区，以虚隔做障景，似隔非隔透出园林丰富的景层，成为豫园一大特色。

（左）图3-24 北京颐和园西堤的玉带桥（阿酷/供）

此桥因桥形如玉带而得名。玉带桥为清乾隆时建造，距今已有200多年的历史。据说乾隆皇帝每次去西山必从此桥经过，不仅因为这座桥交通方便，还因为它造型玲珑秀美。现在，桥头还留有乾隆皇帝的御题。

观。中国园林中的桥，有石制的，有竹制的，也有木制的，造型优美奇特。其中有可直可曲、简朴雅致的平桥，曲线圆润、富有动感的拱桥，避雨遮阳、变化多端的亭桥和廊桥。著名的颐和园玉带桥（图3-24），位于昆明湖西堤上，桥拱高耸，呈曲线型，桥身、桥栏用青白石和汉白玉雕砌，看上去宛若玉带，故得此名。

墙：中国的园林都有围墙，且极富民族特色。比如上海豫园蜿蜒起伏的龙墙（图3-25），犹如长龙围院，颇有气派。

83

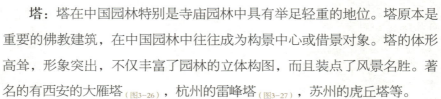

塔：塔在中国园林特别是寺庙园林中具有举足轻重的地位。塔原本是重要的佛教建筑，在中国园林中往往成为构景中心或借景对象。塔的体形高耸，形象突出，不仅丰富了园林的立体构图，而且装点了风景名胜。著名的有西安的大雁塔（图3-26），杭州的雷峰塔（图3-27），苏州的虎丘塔等。

（左）图3-26 西安大慈恩寺中的大雁塔（王粉娟/摄）

（右）图3-27 杭州西湖中的雷峰塔（谢光辉/摄）

大雁塔高约64.5米，底层边长约25.5米，塔身呈方形角锥体，坐落在高4.2米的方形砖台上，整个建筑气魄宏大，格调庄严古朴，造型简洁稳重，比例协调适度，是唐代建筑艺术的杰作。

旧塔已于1924年倒塌，2002年完成重建。雷峰新塔建在遗址之上，保留了旧塔被烧毁之前的楼阁式结构，完全采用了南宋初年重修时的风格、设计和规格建造。这座塔兼具遗址文物保护罩的功能，新塔通高71.679米。

▌花　木

　　中国有句俗话："人配衣服马配鞍。"意思是任何事物都要有科学合理的搭配才能产生好的效果。在山美、水美、建筑美的园林之中，不能没有花草树木的映衬。实际上，园林的"林"字指的就是花草树木，没有花草树木的园林只能是一座死园。

　　园林中的花木具有观赏、组景、分割空间、装饰、庇荫、防护、改善环境、清洁空气等多种功能。中国园林传统的花木造景是运用乔木、灌木、藤本、草花及草皮等，通过设计、选材、配置，发挥植物本身形体、线条、色彩等自然美，配置成一幅幅美丽动人的画面，形成多样景观（图3-28）。花木经过造园家的巧妙配置，不仅会令人感到赏心悦目，而且可以

（右）图3-28　江苏苏州网师园内的传统雕刻窗花外的玉兰花（谢光辉/摄）

　　玉兰花外形极像莲花，盛开时，花瓣展向四方，使庭院青红片片，红光耀眼，具有很高的观赏价值；再加上清香阵阵，沁人心脾，实为美化庭院之理想花卉。又因其植株高大，开花位置较高，迎风摇曳，神采奕奕，宛若天女散花，与窗以及窗外的景物浑然一体。

图3-29 苏州狮子林燕誉堂木雕格
窗外的蜡梅（王敏/摄）

　　迎春的梅花纷纷绽放，为古典
园林增添了一道美景，显得生机勃
勃，春意盎然。

陶冶人的情操，升华人的精神境界。

　　中国园林的花木造景受气候条件影响很大：南方气候炎热，在树种选
择上以遮阳目的为主；而北方地区夏季炎热需要遮阴，冬季寒冷需要阳
光，在树种选择上则以落叶树种为主。造园家还往往借助自然气象的变化
和植物的生物学特性，创造春、夏、秋、冬四季不同的景观效果。如春季

图3-30 江苏扬州瘦西湖畔的桃花（王代伟/摄）

　　每年阳春三月，扬州瘦西湖畔桃红柳绿，桃花映衬湖水显得格外美丽。瘦西湖畔的桃花大都是人工培育了多年的碧桃，这种桃花比一般的桃花开得晚，但花期更长，而且花瓣层层叠叠，色彩多种多样。甚至一株桃树上开出两种颜色的花，更是令人叫绝。

山花烂漫，夏季荷花映日，秋季硕果满园，冬季蜡梅飘香等。

　　中国园林的花木栽植，特别讲究因地制宜。如蜡梅（图3-29）植于粉墙前，投影于墙，堪称天然水墨古梅图；池边种桃（图3-30）柳，桃红柳绿映入水中，若隐若现的倒影，衬托蓝天白云，其景妙趣横生；山坡上以松柏类常绿针叶树为主体，以银杏、槭树、竹子等为衬托，并杂以杜鹃、栀子等开花灌木，以丰富山林景观的层次和色彩；溪谷水边，配植垂柳、水竹、

89

图3-31 海南海口五公祠古莲池（黄琼/摄）

　　海口五公祠纪念的是唐宋两代被贬职而来海南的5位名臣：李德裕、李纲、赵鼎、李光、胡铨。祠内古莲池素有盛名，每值冬日，莲花盛开，满池嫣红，美不胜收，不仅带来了春天的气息，而且寄寓着古代英烈的赤胆忠心和高洁品行，因此令人遐思。

芦荻等植物，以丰富水岸景色；池塘中适量种植荷花、睡莲（图3-31）、浮萍等水生植物，以点缀水景；庭院中配植梅花、海棠、玉兰、芭蕉、竹子、紫薇、桂花等花木，做到四时有花；花架回廊可配植紫藤、蔷薇、葡萄等；建筑物墙壁植爬山虎、常春藤之类，以达到垂直绿化之功效。总之，按照不同的地理位置，做到配置有方，各得其所。

　　与此同时，中国园林在用植物造景时还特别注意植物香味和声音的运用，如梅花之暗香、荷花之清香、兰花之幽香、桂花之浓香等，以满足人们不同的嗅觉需求。在庭园中配植几丛芭蕉，雨中听蕉声，殊有雅趣；风雨敲打蕉叶，如同山泉泻落，令人涤荡胸怀；细雨飘洒蕉叶，恰似珠玉

图3-32 济南大明湖的柳（佳宝爱/摄）

　　水波粼粼，垂柳婆娑，湖面上小
舟点点。柳枝掩映下，大明湖上一派恬
淡、静美。

弹跳，使人浮想联翩。窗外植竹，窸窣作响，恍若游鱼游戏其间，妙不可言；柳丝 (图3-32) 和风絮语，仿佛一曲轻音乐，有情有色，给人缠绵温柔的感觉；每当风雨大作，松涛如同千军万马，气势磅礴；风吹杨叶，哗哗作响，故得"响叶"之美称。这些园林花木的听觉美，同样使人回味，难以忘怀。

　　受传统文化的影响，中国园林中常被选用的植物往往有所寓意。比如皇家园林中往往以常青的松柏为首选，象征着帝王长寿、江山永固。如避暑山庄、圆明园、颐和园等，均以松柏为主。皇家园林还常常选用玉兰、海棠、迎春、牡丹、桂花，以象征"玉堂春富贵"。康熙和乾隆对承德避

图3-33 承德避暑山庄72景之一"万壑松风"
（赖祖铭/摄）

在避暑山庄松鹤斋以北，建于清康熙四十七年（1708），是宫殿区最早的一组建筑。由万壑松风殿、鉴始斋、静佳室、颐和书房、莲闻咸映等建筑组成，踞岗背湖，布局灵活，具有南方园林特点。周围古松参天，松涛阵阵，故有万壑松风之名。

暑山庄72景的命名中，以花木为风景主题的，就有万壑松风 [图3-33]、梨花伴月、曲水荷香、松鹤斋、采菱渡、观莲所、万树园等18处之多。

私家园林在选择花木时则更多地受文人所标榜的"古、奇、雅"格调的影响。由于松、竹、梅都具有耐人欣赏的外形风姿，不畏严寒、坚贞

图3-34 《岁寒三友图》，宋代赵孟坚
绘，台北"故宫博物院"藏

图中松、竹、梅的构思，已明确传达
出借"岁寒三友"表达出的刚正、坚贞的
气节。此后《岁寒三友图》成为画家表达
超然高洁气概的固定程式。

不屈的品格，且生命力旺盛，故被称为"岁寒三友" (图3-34)。梅花凌寒而
开，兰花香而不艳，竹子四季常青，菊花傲霜吐香，向来被视为有坚贞、
清高的君子之风，故有"梅、兰、竹、菊"四君子之美称。此外还有松柏
的长寿，海棠的娇艳，杨柳的多姿，芭蕉的常青，芍药的尊贵，牡丹的富
华，莲荷的如意，兰草的典雅，红豆的相思，紫薇的和睦，石榴的多子，
棠棣象征兄弟和睦，红枫象征老而尤红等。总之，花木既能给人美的享
受，又能引发人美好的联想，使中国园林更富有生机和风采。

4

天人合一

——哲学思想在中国园林中的体现

▌ 儒家思想与中国园林

在中国文化发展史上，儒、道、佛三家作为中国传统文化的三驾马车，各以其不同的特征影响着包括园林文化在内的中国文化。其中儒家文化作为中国传统文化的主干，对中国园林更有着独特的影响。

儒家主张人与自然和谐相处，倡导"天人合一"之说。在这种观念的引导下，中国园林总是把建筑、山水、植物有机地融合为一体，把亭台楼榭散置于山间水旁和花丛中树荫下，从而创造出与自然环境协调共生、天人合一的艺术综合体。苏州沧浪亭 (图4-1) 的楹联"清风明月本无价，近水远山皆有情"，表现出园主希望自己与自然融为一体的心情。这种思想的形成导致了中国人的艺术心境完全融合于自然，"崇尚自然，师法自然"也就成为中国园林所遵循的一条不可动摇的原则。小到一事一物，大到一山一河，对自然都极尽模仿之能事。如以水池象征大湖大海，假山叠石象征高山大岳，从而使方丈之景也别有洞天。

在亲近、模仿自然的同时，古人也积极改造自然，使之造福于人，这是对天人合一思想的另一种积极的诠释。例如北京的北海和中南海七八百

95

图4-1 苏州沧浪亭（旗飞/摄）

　　沧浪亭的楹联："清风明月本无价，近水远山皆有情。" 上联取自欧阳修的《沧浪亭》，下联取自苏舜钦的《过苏州》，经高手连缀，妙合无垠。清风明月这样悠然的自然景色原本就是无价的，可遇而不可求；眼前的流水与远处的山峦相映生辉，别有情趣。

年的经营历史，就是中国古代城市园林化的典范。从元代起就以金大宁宫为核心进行规划，引玉泉山之水经金河注入太液池。明代又引积水潭之水充实了太液池，此后不断拓展，形成了北、中、南三海格局。到了清代，作为西苑的三海园林化建设更趋完美，如今北海和中南海已成为风景如画的大型城市园林（图4-2）。

96

图4-2 北京北海（西德尼·甘博/摄）

　　北海、中海、南海位于北京城内景山和
故宫的西侧，合称三海。明、清时期称为西
苑。它是中国现存历史悠久、规模宏大、布
置精美的宫苑之一。

　　在儒家心目中，帝王的地位至高无上。这种思想在皇家园林中表现得
尤为突出，比如常常采用中轴对称、几进院落布局，以此体现皇权独尊和
不可动摇的统治地位。如颐和园从后山到昆明湖有一条明显的中轴线，而
在这条线上又有一个明显的中心，那就是佛香阁。以佛香阁的位置、高
度、规模和体量，统帅着所有的景区和景点，这与一君率万民是相似的。

　　儒家推崇"礼制"，讲究"名位不同，礼亦异数"。园林建筑的格局
与用材，也要依"礼"而定。比如为了体现森严的礼制观念，自古以来就

97

强调"尊者居中"，皇权至上，而园林建筑中均衡布置的中轴线就是这种观念的具体体现。像颐和园仁寿殿建筑群的中轴线，儒家重礼的倾向就得到了充分体现。避暑山庄作为现存最大的皇家园林，虽然整体上属于自然式山水园林，但其宫殿区由于是皇帝理政的要地，所以还是采用中轴对称、数进院落布局，以此突出体现皇权的至高无上。在中国古代，明黄色最为尊贵，为帝王专用色，因此皇家园林均采用明黄色，而私家园林只能用黑、灰、白等色。此外，皇家园林还体现了勤政的要求，如圆明园的正大光明殿、勤政亲贤殿，承德避暑山庄的澹泊敬诚殿等。

图4-3 苏州沧浪亭的明道堂（树莓/摄）

明道堂取"观听无邪，则道以明"之意作为堂名，为明、清两代文人讲学之所，也是园中最主要的建筑。明道堂面阔三间，在假山、古木掩映下，显示出庄严静穆的气氛。

图4-4 苏州沧浪亭中的瑶华境界（旗飞/摄）

　　瑶华境界是沧浪亭内明道堂南一小轩，取意为"梅花洁白如瑶玉一般，境界纯洁"。"瑶华"本为传说中的仙花，色白如玉，花香袭人，服食可长寿。"瑶华境界"四字题额清雅脱俗，催发人们的浪漫情思。

　　儒家的生活态度是积极的、入世的，强调修身、齐家、治国、平天下。与此同时，也主张"达则兼济天下，穷则独善其身"。在郁郁不得志的情况下，辞官归隐几乎是他们一贯的做法。但他们并非真正的隐士，隐居只是一种无奈的选择，他们还是梦想着有朝一日能重新得到朝廷的赏识以实现其政治理想。为了抒发这种情感，他们往往寄情于山水。中国古典的文人园林有不少就是在这种情况下建造的，如苏州的网师园，是清代乾隆一朝光禄寺少卿宋宗元从官场倦游归来修建而成，借旧址万卷堂渔隐之名，自比渔翁，以网师命名，表示自己只适合做江河渔翁。其他如拙政园、退思园等，也是如此。这些官场的失意者们，在拙政园、退思园等园林中修身养性，一方面超凡脱俗；另一方面又借园林作为他们修身齐家的舞台。许多园林的建筑名称和景点都有其哲学内涵，如苏州沧浪亭有明道堂（图4-3）、瑶华境界（图4-4）、闻妙香室、印心石屋、仰止亭，都说明园林主人隐居而不失志，仍有抱负在胸。

99

图4-5 清代孙温绘
《全本红楼梦》图
册"刘姥姥初游潇
湘馆"场景

　　潇湘馆中竹子
最盛，翠竹象征的
是一种不屈不挠的
可贵品质，高洁中
带着儒雅，含蓄里
透着活力。潇湘馆
主人林黛玉号"潇
湘妃子"，正具有
这种高贵而自然脱
俗、婀娜而风姿绰
约的魅力。

　　儒家的比德思想也对中国园林的主题思想产生了一定的影响。所谓比
德，就是把自然界的美好事物和人的道德情操联系起来。在中国的古典园
林中特别重视寓情于景，以物比德。不同种类的植物因其姿态、生长特性
的不同，常被人们赋予独特的个性与品格，从而表达出一定的文化特色和
精神内涵。孔子说："智者乐水，仁者乐山。"在儒家看来，水总在不停

地流动，涌向远方或渗入大地，山则不论什么情况下都不动摇，这正是追求知识和道德情操的人应该效法的。在中国园林四大要素中，叠山、理水的手法与这种观念不无关系。自古以来，人们就把竹子（图4-5）隐喻为一种虚心、有节、挺拔凌云、不畏霜寒、随遇而安的品格精神，把它看作是品德美、精神美和人格美的一种象征。

　　除此之外，劲松长绿不谢，寒梅傲霜斗雪，夏莲出淤泥而不染，等等，都显示了理想的人格。所以在中国园林中多种植修竹、孤松、古柏、春兰、夏荷、秋菊、蜡梅等寓意高雅的植物。精心配置的花木，再配以寓意深刻的楹联匾额，往往使人产生无限遐思和美妙想象，为园林增添了非凡的自然魅力和人文魅力。

　　在中国古代，士人所信奉的儒家理念强调以人为本，以道德情感代替宗教信仰。以此来观照中国的寺庙园林，便可看出其中蕴含了一种以人为本的实用理性，体现出一种深远、乐观甚至喜庆、祥和的氛围。中国寺庙园林的一大功能是供众人游赏，这就大大超出了宗教范围。在中国皇家园林中，寺庙除了具有宗教和政治功能之外，还兼有审美意义和景观构图的功能，塔刹、楼阁等都成为构图的要素。比如颐和园的佛香阁、北海公园琼华岛上的白塔（图4-6）等，全都经过了精心的景观学处理。在儒家理念的影响下，中国的寺庙园林，已经完全融入了世俗生活。

（左）图4-6　北京北海公园的白塔
（阿酷/供）

　　白塔位于琼岛之巅，塔高35.9米，下承折角式须弥座，座上为覆钵式塔身。整个永安寺从山门至白塔，层层升高，上下串联，构成琼岛景区的中轴线，给人层出不穷、壮丽宏阔之感。

▍道家思想与中国园林

在世界三大造园体系中，中国以自然风景式园林独树一帜，其风格就是道家学派所主张的取法自然。

取法自然在园林艺术中包含两层内容：一是总体布局、组合要合乎自然；二是每个山水景象要素的形象给合要合乎自然规律。取法自然的造园思想大兴于魏晋南北朝道家隐逸思想盛行的时期。魏晋南北朝时战争频繁，政局动荡，门阀制度盛行，致使中央集权瓦解，权威信仰动摇，生活在乱世之中的文人雅士苦于无法实现建功立业的人生理想，开始推崇道家的道法自然、无为而治等观念，崇尚隐逸生活，在名山大川中寻求精神寄托，希望能过上"风中雨中有声，日中月中有影，诗中酒中有情，闲中闷中有伴"的生活。于是自然山水便成了他们居住、休息、游玩、观赏的现实环境。但是，人又不可能完全实现其游遍天下名山大川的理想，于是就在家中布置山水花木模仿大自然。文人雅士为了时时享受山林野趣，掀起了营造自然山水园林（图4-7）的热潮。当时的私家园林面积虽小，布局却如吟诗作画，曲折有法，以人工营造出自然界的万千气象与种种风情，犹如

图4-7 描绘晋代石崇所筑金谷园的《金谷春晴图》（聂鸣/摄）

　　金谷园是西晋大富豪石崇的别墅。该园规模宏大，楼台亭阁，池沼碧波，交相辉映。再加上百花争艳，真如仙境一般。洛阳八大景之一的"金谷春晴"，指的就是这里春天的美景。

田园山野，隔绝尘嚣，别有天地。这些园林，或以山石取胜，令人如置身深谷幽壑之间；或以水流取胜，令人如置身碧潭清流之上；或以花木取胜，令人如置身茂林芳丛之中。

　　因受道家取法自然思想的影响，中国园林不仅重视周边的环境美，而且注重与更加广阔的大自然的亲和关系，形成天人合一的理想境界。由于建筑与自然的关系是融洽的、和谐的，所以古寺应藏于深山，而不能像欧

105

图4-8 无锡寄畅园（聂鸣/摄）

　　该园属于山麓别墅类型的园林，妙取自然，布局得当，体现了山林野趣、清幽古朴的园林风貌，具有浓郁的自然山林特色。园内自然的山、精美的水、凝练的园、古拙的树、巧妙的景，体现了"虽由人作，宛自天开"的绝妙境界，是现存江南古典园林中叠山理水的典范。

洲的古堡那样突兀暴露。这一精神在中国园林中表现得更为突出。一般来说，造园选址往往会受到各种条件的制约，如占地面积有限，环境也受周围已有条件的影响，所以可以建园的基址多是不规则的。面对这些难以处理的地形，造园家总是遵循道家取法自然的原则，因地制宜，综合考虑与周围环境的协调。比如苏州的拙政园，背面靠山，前有主人为弥补自然环境的不足而做的大水面。水面的形状是经过设计的，沿岸曲折，配有假山叠石，把自然之景与人造之景结合起来，使得整个园林趣味横生。再如无锡的寄畅园（图4-8），西靠惠山，东南靠锡山，总体布局就抓住这个优越的自然条件，引惠山泉水做园内池水，在西、北两面用惠山石堆砌假山，仿佛是惠山的自然延伸。近以惠山为背景，远以东南方锡山龙光塔为借景。园的面积虽不大，但山外有山，楼外有楼，园林与所处的自然环境巧妙地融合在了一起。

中国古代的私家园林因受道家思想的影响，力求摆脱传统礼教的束缚，主张返璞归真，力图使人工美与自然美相互配合，相得益彰。其建筑不追求皇家园林的那种轴线对称，没有任何规则可循。山环水抱，曲折蜿蜒，不仅花草树木一任自然原貌，即使人工建筑也尽量顺应自然，使建筑、山水、植物有机地融合为一体，以达到"虽由人作，宛自天开"的境界。这就要求园林要在有限的地域内创造出无穷的意境，而要达到这个目的，显然不能把自然山水照搬过来，而必须通过空间的调整进行再创造。在造园活动中，虚实空间的变化与小中见大，是中国园林在这方面的两大特色。

中国古代园林的各个构成要素本身就有虚实的变化：山为实，水为虚；敞轩、凉亭、回廊则亦实亦虚。苏州拙政园中的倒影楼和塔影亭都是以影来命名的景点。塔影亭建于池心，为橘红色八角亭，亭影倒映水中恰似一座塔。蔚蓝色的天空，明丽的日光，荡漾的绿波，鲜嫩的浮萍和红色

图4-9 四川新都的桂湖
（刘筱林/摄）

桂湖号称"天府第一湖"。公园的总体设计，突出了"桂"和"湖"这两个主题。其建筑布局、景点设置与升庵桂湖的风格相协调，与新都古城墙及高嘲墙上的城楼等景观相呼应。同时采用强烈的虚实对比和疏密对比手法，形成了特有的园林风格。

的塔影组合成一幅美丽的画面，给人美的享受。这种巧妙的虚实组合的借景手法，增加了层次感，丰富了园景，从而达到了拓展空间的目的。

虚实相应的空间处理，同时形成了中国园林的另一特征：小中见大。在空间处理上，经常采用含蓄、掩藏、曲折、暗示、错觉等手法，并巧妙运用时间、空间的感知性，使人感觉景外有景，园外有园，从而达到小中见大的效果。如四川新都的桂湖（图4-9），号称"天府第一湖"。它原是明代名士杨慎年轻时的寓所，因湖堤种植桂树而得名。园子占地面积并不大，空间基本处于半封闭状态。但在狭长的空间地带挖土成湖，湖中种荷，湖堤植桂，桂

108

花飘香，荷叶田田，把无边的风月融入了一湖清水之中，使人心旷神怡，情意荡漾，仿佛置身于野外，而忘却身处的只是咫尺之园。广州的兰圃〔图4-10〕面积虽小，但植物景观丰富，上有古木参天，下有小乔木、灌木和草地，中层还有附生植物和藤萝，使人在游览时犹如身临山野，感受到的空间比实际的大得多。

　　除了取法自然、虚实相生，道家的隐逸思想也深深地渗入了园林之中。"濠濮间想"是中国古代哲学史上极为有名的两个典故。《庄子·秋水》中说，有一次，庄子与好友惠子在安徽省凤阳县的濠水边游观，庄子指着水中的游鱼对惠子说："鱼从

图4-10 广州的兰圃〔局部〕〔金弦/摄〕

　　兰圃是一个以栽培兰花为主的专业性园圃，是一个地处繁忙、喧嚣的闹市里的绿洲。它虽面积不大，却集清灵、秀雅、宁静与精巧于一身，是一个绝对值得细细游赏的好地方。

109

图4-11　北京北海的濠濮间（阿酷/供）

濠濮间之名取自庄子在濠水观鱼和在濮水垂钓的典故。濠濮间位于北海公园内东岸小土山北端，是北海的园中园之一，四面古松葱郁、遮天蔽日，曲桥、水池、山石、游廊，回旋于咫尺之间，景色幽邃，清雅别致，很有特色。

容自在地游水，这是鱼的快乐啊！"惠子说："你不是鱼，怎么知道鱼快乐呢？"庄子反问道："你不是我，怎么知道我不知道鱼快乐呢？"还有一次，庄子在山东与河南交界的濮水垂钓，楚王派了两个大夫去见他，要把国家大事委托给庄子。庄子手执钓竿，头也不回地说："我听说楚国有个神龟，已经死了3000多年了，楚王还用锦缎把它包好，放在箱子里，珍藏在庙堂之中。这只神龟愿意死后留下来被珍视呢？还是宁愿拖着尾巴在泥泞里自由自在地活着呢？"两个大夫说它宁愿在泥泞里活着。庄子说："你们走吧！我将在泥泞里游戏自乐。"这两个典故表达了隐士退隐林下、自得其乐的情怀。中国古代的造园家把它引用过来，借以表达他们的理想和情操。如无锡的寄畅园有知鱼槛，苏州留园有濠濮亭。即便是北方的皇家园林，也有象征隐逸之所，如圆明园有鱼跃鸢飞，北海有濠濮间 (图4-11)，承德避暑山庄有濠濮间想、石矶观鱼等景点。

▌佛教思想与中国园林

佛教思想对中国园林的影响，不仅在于形成了一种园林类型——寺庙园林，更在于佛教最主要的宗派——禅宗对中国园林艺术的兴发。

禅宗的基本观念在于放弃传统的宗教仪式，发展了一套自心觉悟的解脱方法，即通过直觉观察、沉思冥想、瞬间顿悟，达到梵我合一、物我交融的境界——成佛。同时，禅宗还宣扬以追求自我精神解脱为核心的适意人生哲学以及自然淡泊、清静高雅的生活情趣。一方面，禅宗奉劝人们要达到一种完全平静安详的精神境界；另一方面，禅宗信徒又置身于现实社会之中，这与他们心即是佛的与世无争的信仰产生了矛盾。为解决现实与信仰的矛盾，他们或游山玩水，或种花造园，通过感受自然来领悟生活的真谛。园林为他们提供了寻求寂静冥想的场所，便于在一丘一壑、一花一草之中发现永恒，引起禅思。禅宗认为，生活在园林中，既求得了精神的解脱，又达到了皈依佛教的目的。

在佛教思想影响下形成的寺庙园林，选址一般为有山有水风景优美的地方。"自古名山僧占多"，就是对寺庙园林选址的规律性总结。但僧家

111

图4-12 浙江杭州灵隐寺照壁（王琼/摄）

照壁位于灵隐与天竺分道处，黄墙黛瓦、古色古香。它是灵隐寺的山门，呈弧形。照壁的主色调是淡雅的黄色，上面刻有"咫尺西天"，意思是只差一步就到西天极乐世界了。

绝不是简单地为求清净、不被干扰才这么做。禅宗排除人为造作，讲究顺应本心的适意人生哲学，任他世态万变，人情沉浮，一定要做到清净本心，毫无牵挂，一如清风、白云、青山、绿水般自然圆润。

受佛教思想的影响，中国寺庙园林中的色彩更倾向于素雅、恬淡、幽远 (图4-12)，而不刻意追求五彩斑斓的亮丽色彩，这是因为，中国古人认为华美容易使人浮躁多欲，淡美却能使人清心寡欲，因而淡雅的环境氛围更适合禅意的表达。无论是历史资料的记载，还是现存的寺庙园林，其山水、建筑、植物等都色彩素雅，犹如水墨画一般。粉墙灰瓦、翠竹苍松、青苔白莲，这类恬淡色彩要远远多于其他色彩。苏州寒山寺的园林景色就

图4-13 苏州寒山寺大门前的照壁（蒙嘉林/摄）

它像一道屏障耸立于山门之前，朝西临河而立，上置脊檐，饰有游龙，气势非凡。黄墙上嵌有三方青石，上刻"寒山寺"三字，这是寒山寺醒目的标志，也是该寺的第一道胜景。

是如此：门前有一照壁（图4-13），上书"寒山寺"。寺有月洞门，正好对着黄墙灰瓦、明净素雅的六角钟楼（图4-14）。钟楼四周点缀着稀落的红枫、绿树。整个建筑色调为黄、灰、白色，极少使用彩绘。房屋外部的木构部分用褐、紫等颜色，与黄墙、灰瓦相结合，色彩素雅明净，与自然的山、水、树木等协调，给人幽雅宁静的感觉。

另一方面，精通禅理的文人士大夫所造之园，深刻地影响到江南园林的造园风格、设计手法和艺术境界。禅宗对有限与无限的自然空间的体验，打破了小环境与大自然的根本界限，为园林这种空间有限的自然山水艺术提供了审美体验的无限可能性。所以，和北方皇家园林的庞大、

113

图4-15 苏州留园的花窗
（吴棣飞/摄）

　　留园内既有以山石花木为主的自然山水空间，也有各式各样以建筑为主或者建筑、山水相间的大小空间——庭院、庭园、天井等。园林空间之丰富，空间处理之妙绝，为江南诸园之冠。

（左）图4-14 苏州寒山寺的钟楼（郎琦/摄）

　　这是一座六角形重檐亭阁，造型轻盈，轮廓优美，以"夜半钟声"而闻名遐迩。钟楼黄墙黛瓦，十分古朴。

庄重、规则截然不同，江南的私家园林处处隐现出江南文人的禅趣。这种风格就是以小为尚，小中见大。这种小，不仅表现在面积和规模上，还表现在主题和空间分割上，确实让人感到小中有大，小得精致。这才出现了如一亩园、勺园、半亩园、壶园等一批小中精品。以苏州留园（图4-15）为例，其空间处理之妙令人叹为观止。或从鹤所进园，经五峰仙馆、清风馆、曲溪楼到中部山池；或从园门曲折而

115

图4-16 江苏苏州网师园的月到风来亭（慧眼/摄）

　　月到风来亭位于网师园内彩霞池西，为网师园中部著名景点。名字取意于宋人邵雍的诗句"月到天心处，风来水面时"。亭子依西岸水涯而建，三面环水。亭内正中悬一大镜，每到明月初上，可以看见水中、镜中、天上3个明亮的圆月，独成奇景。

入，过曲溪楼，经五峰仙馆而进东园，其空间大小、明暗、开合和高低参差对比，都能形成有节奏的空间联系，有起有落，令人百看不厌。当人们饱览了池山风光和庭院景致之后，转入庭后回廊，似乎已经山穷水尽，但在北部却有一个月洞门，上刻"又一村"，真是别有洞天，从而形成了

"庭院深深深几许"的艺术效果。再看苏州的网师园，其面积不到9亩，总体布局却分为东宅、西园，保持了宅、园相通的完整风貌。园的中心有一方水池，沿池建有月到风来亭（图4-16）、射鸭廊、竹外一枝轩、濯缨水阁等。尺度虽小，却轻巧通透，与池面的空间尺度相协调。高大的楼堂则退于树、石、亭、榭之后，既富有景深和层次；也不至于形成对池面的压迫感。总之，网师园面积虽小，却有烟水弥漫的水乡情趣，不愧为苏州园林中的精品。

文人士大夫还把禅宗的空灵境界融入到江南园林之中，使禅与自然之间，禅境与山水、园境之间相互融通，生活在园林中的文人士大夫也就获得了精神的自由和灵魂的寄托与超越。自禅宗兴盛以来，受文人影响的江南古典园林处处都有禅趣的渗入，处处都可发现禅的痕迹：有树影必有粉墙，有风必有松涛，有雨必有芭蕉，有月色必有荷塘。无论是修阁建塔，叠山理水，还是种花植树，都能在现实中构筑理想的幻景，从而使禅悟与园林紧密地联系在一起，令人感受到不为外物所羁绊的自由心性。

当然，儒、道、佛三家的思想对中国园林的影响并不是孤立存在的，在中国文化漫长的发展过程中，三家始终相互借鉴，相互融合。也正是在它们的共同影响和作用下，才使得中国园林的内涵更加丰富，中国园林多元文化互补的特色也才得到了充分体现。

天地一园
中国园林

5

引人入胜

——中国园林审美

▌园名、对联的美学意蕴

中国园林可以说是自然美、建筑美、艺术美的有机统一。无论是端庄雍容的皇家苑囿，还是精巧雅致的私家园林，抑或是古色古香的名山寺观，古代的造园家们都凭着高度的智慧和才华，经过艺术的剪裁和提炼，在有限的空间里，造就出千变万化的园林景色。那些精美的亭台楼榭、曲院回廊、假山叠石与荷池画舫等，无不精心设置，巧妙安排，将大自然的万千美景浓缩其中，构成一幅幅令人流连忘返的艺术画境，使游人"不出城郭而获山水之怡"。

中国园林的创作，和中国绘画一样，都注重把命名、题咏与景物的安排结合在一起。作为园林艺术的有机组成部分，那些通过门额、牌匾、石刻等形式表现出来的园名和景名，不仅恰到好处地起到了点题和深化意境的作用，使园林生出许多情趣，变得更加富有生命力，而且园名本身也状物写景、抒怀言志，或富含深奥哲理，或充满诗情画意，或含蓄蕴藉，或画龙点睛，使人在吟赏玩味之余，启迪智慧，增添游兴，获得审美的愉悦和享受。

其实，园名最初只是一个符号标志，便于人们称呼而已，所以常以

119

图5-1　江苏吴江同里镇的退思园
（马耀俊/摄）

园主任兰生，曾任清朝兵备道。因贪污被参，罢官归里，花10万两银子建造宅园，取名"退思"，取《左传》"进思尽忠，退思补过"之意。

地名或人名代替。比如西晋的石崇在河南金谷涧的别墅叫金谷园，唐代王维的辋川别业和白居易的庐山草堂，都是这样命名的。也有用园主人的姓氏、官职来命名的，如董氏东园、沈尚书园等。与此相对的则是以意命名，如宋代司马光在洛阳筑园，取名独乐，有独善其身的意思。

中国园林后来的命名，或出自典籍，或出自文人诗赋，或取汉字的谐音，都是为了表达园主人对前代名士的仰慕或归隐林下的志向，突出了园林的主旨情趣，同时引领游人领悟感性风景所蕴藏的深厚内涵。如江苏吴江同里镇的退思园（图5-1），本是清朝末年兵备道任兰生遭弹劾罢官还乡后所建，园名退思，语出《左传》，有退而思过之意。苏州的拙政园，乃是明朝御史王献臣仕途失意归隐苏州后改建，园名拙政，取自西晋文学家潘岳的《闲居赋》，暗喻把浇园种菜作为自己（拙者）的政事。苏州的耦园，前身为涉园，出身贫寒的清末安徽巡抚沈秉成罢官后改建，易名耦园。"耦"通"偶"，含有夫妇一起归隐之意。南京的随园，曾为清代江宁（今南京）织造隋赫德所有，所以命名隋园。清代诗人袁枚在任江宁知县时，将隋园购买并重新修建，改名随园。"随"与"隋"谐音，同时又是造园风格和园主人为人处世心态的反映：园内景观无一不是随其地势而建，而园主人也一向随遇而安。"随"字含义之深，足供后人反复回味。

图5-2 苏州拙政园的海棠春坞（吴棣飞/摄）

造型别致的书卷式砖额，嵌于院之南墙。院内的两株海棠，初春时分繁花似锦，娇羞如小家碧玉。庭院铺地用青、红、白三色鹅卵石镶嵌而成海棠花纹，与海棠花相呼应。庭院虽小，但清静幽雅，是读书休憩的理想之所。

　　除以标题式的园名体现造园家的主观意愿和统领全园的创作风格之外，中国园林中局部景点的命名则往往是景随名出。比如徜徉于苏州留园，在涵碧山房赏青山绿水，在闻木樨香轩闻桂花飘香（桂花别名木樨），在清风池馆沐浴明月清风，在濠濮亭观鸟兽禽鱼……移步之间，一个个景点便随名而出。和谐、有序的安排，增添了园林的整体美感。再如苏州的拙政园，为赏早春玉兰而设玉兰堂，为赏仲春海棠而设海棠春坞（图5-2），为赏晚春牡丹而设绣绮亭。这些名称和周围景色浑然一体，将游客带入一幅幅情景交融的画面之中。

121

中国园林和局部景点的命名，最重要的作用是引发游人的形象思维，从而由物境进入审美的境界。如远香堂、濠濮间、流杯渠，常常使人想起周敦颐的《爱莲说》、《庄子》的鱼之乐、兰亭集宴的雅趣。至于曲径通幽、渐入佳境、别有洞天等，都是进一步的探景，意在激起人们寻幽探胜的情趣。总之，高度凝练、概括而又深邃的园林命名，总是以其丰富隽永的美学蕴含，引领游客进入造园家所极力表现的艺术境界之中，去领略那博大精深的中国园林文化，并获得美的享受。

对联是中国独有的文学艺术形式，被大量地应用于园林之中。这些对联既能营造出古朴、典雅的气氛，又能烘托园景主题，给以综合审美为

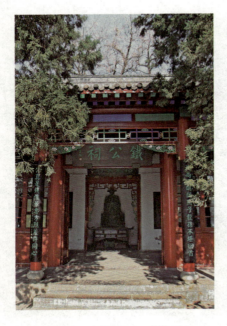

图5-3 济南大明湖铁公祠（王代伟/摄）

　　铁公祠正门两侧镶嵌着的一副名联："湖尚称明问燕子龙孙不堪回首，公真是铁惟景忠方烈差许同心。"是靖人严正琅撰写，对联将湖景与历史人物、历史事件相联，含义隽永。

特征的中国园林增添了一道耐人寻味的文化风景线。而且对联文辞之隽永，书法之美妙，常常令人一唱三叹，这对游人来说无疑也是一种美的享受。

　　在济南大明湖的北岸，铁公祠西圆门两侧镶嵌着一副名联："四面荷花三面柳，一城山色半城湖。"（图5-3）这是由清代诗人刘凤诰吟咏，大书法家铁保书写，被刻在石条上的。大明湖自古遍生荷花，湖畔垂柳依依，花木扶疏，湖光山色，美不胜收。这副对联正是现实风景的最好写照，而

图5-4 苏州留园揖峰轩内对联（黄源/摄）

"蝶欲试花犹护粉，莺初学啭尚羞簧。"这是清代著名书画家郑板桥所题，意思是：蝴蝶吃花蜜的时候还会想到护着花粉，黄莺刚学鸣叫的时候还羞于放声歌唱。这里表达了一种对新生事物的关爱。

且对仗工稳、平仄协调，200多年来一直被人传诵。苏州留园的闻木樨香轩，位于黄石假山之上，山上桂树丛生，八月中秋，桂花盛开，香飘四方，故取名"闻木樨香轩"。上书对联"奇石尽含千古秀，桂花香动万山秋"，恰到好处地点明了此处怪岩奇石、月桂飘香的迷人景象。镇江的焦山是长江中的一个小岛，山半腰有座别峰庵，小巧玲珑，四周绿树翠竹掩映，环境特别幽静。庵中有两间书斋，曾是清代著名书画家郑板桥的读书处。门旁挂有郑氏手书的一副对联："室雅何须大，花香不在多。"在郑板桥看来，好的居住环境并不在于大和多，而是要有诗意。唯其如此，才能做到以雅胜大，以少胜多。这雅和少，正是文人园林的突出特点。

中国园林中的对联（图5-4），虽仅只言片语，却意蕴隽永，对园林景观起着烘云托月、画龙点睛的作用。这些对联有的富有哲理，发人深思；有的抒发情怀，令人神往；有的切合主题，启人心智，所以成为园林艺术不可或缺的组成部分，也是中国园林艺术的精华之所在。

▍ 中国园林的审美意境

有一位哲人说："比大海更广阔的是天空，比天空更广阔的是人的心灵。"心灵从有限的现象出发，展开思想的翅膀，跨越时空而达到无限，这就是意境赖以产生的基础。中国园林艺术在审美上的最大特点，就是有意境。意境既是中国园林的内涵、传统风格和特色的核心，也是中国园林艺术的最高境界。那么什么是意境呢？简单地说，意境是一个由意与境相结合的美学范畴，也是中国古典美学的核心范畴。所谓意，就是人的思想感情，属于主观的范畴；所谓境，就是现实环境，属于客观的范畴。意境就是人在审美过程中主客观的高度统一，是由客观景物的诱发而在人们头脑中产生的象外之象、景外之景。总之，意境乃是一种情景交融，神、形、情、理和谐统一的艺术境界，它能给人美的享受。

意境的基本特征是：以有形表现无形，以物质表现精神，以有限表现无限，以实境表现虚境，使有限的具体形象和想象中无限丰富的形象相统一，使真实景象与它所暗示、象征的虚境融为一体。中国园林在处理时空的问题上，与诗画有相通之处。由于园景和诗境、画境一样，在美学上共同追求境生于象外的艺术境界，因此这三者都具有以有限空间描写无限空间的艺术创作原理。中国园林艺术，尤其是江南私家园林艺术是在有限的空间里，以自然界的沙、石、水、土、植物、动物等为材料，创造出无穷的自然风景的艺术景象。

园林的意境和风貌主要取决于造园家的文化素养，这也是许多名园出自文人画家之手的原因。而著名的造园家几乎都工于绘画，擅长诗赋。在造园过程中，诗赋、绘画艺术的合理运用往往能够起到画龙点睛的效果，这就使园林艺术和山水画、田园诗建立了密切的关系。园林的山水布局、建筑及小品的安排，以及花木栽植，往往借用山水画论，而风景主题的意境构思、匾额、楹联等，又常常受到山水田园诗的启发。这种特殊的关系使中国园林每每散发出浓浓的诗情画意。如苏州网师园的月到风来亭，临水一座亭子，却把人同自然界的月、风、水联系在一起，游客身临其境，借助丰富的联想与想象，就有可能构成自然与人生无限广阔的意境。再如杭州西湖的三潭印月 (图5-5) ，每逢月夜，皓月当空，月光、灯光、湖光交相辉映，月影、塔影、云影融为一片，有说不尽的诗情画意。因此，中国园林被誉为"凝固的诗，立体的画"。但园林的意境与诗、画又有不同，诗画的意境是借助于语言或线条、色彩构成的；而园林的意境是借助于实际景物与空间构成的。

中国历代园林的设计者和建造者，因地制宜、别出心裁地营造了许多园林，虽然各不相同，却有一个共同点：游览者无论站在园林中的哪个点上，眼前总是一幅完美的图画。中国园林如此讲究近景远景的层次、亭台轩榭的布局、假山池沼的配合、花草树木的映衬，也正是为了营造诗情画意的意境。而要充分领略园林入诗、入画的意味，就不仅要熟悉中国园林的常见手法和布局 (图5-6) ，还要用心体会风景背后博大精深的文化内涵。

图5-5 杭州西湖三潭印月处美景（谢光辉/摄）

　　西湖三岛中最大的一个岛，又名三潭印月，面积6万平方米。四周是环形堤埂，岛中有湖，岛上建筑精致，四时花卉扶疏，有"水上仙子"的美称。岛南湖面上有三个石塔鼎足而立，塔高2米。

图5-6 苏州退思园的漏窗美景（柯甘霖/摄）

退思园是一座小巧玲珑、精美绝伦的园林。它占地九亩八分，错落有致地分布着亭、台、楼、阁。其中揽胜阁是一座不规则五角形楼阁，置身其中，近观园内景致，远眺湖光山色，游人不出楼阁就能饱览满园秀色，甚至通过漏窗看外面的园子也一样别有风致。

园林意境的产生，离不开具体而真实的景物。这些景物由建筑、山石、水体、花木构成，是有形、有限、有比例的，是给人直接感知的空间；而由景所产生的人的想象空间，却是无形、无限、无比例的。在中国园林中，几亩以上的水面一般都有一片集中的水域，以表现烟波浩渺的气象。水面不大则以乱石为岸，并配植细竹野藤、养些红鱼绿藻，虽是一泓池水，却能给人汪洋无尽的印象。如苏州的网师园（图5-7）水面较小，在设计时水面聚而不分，仅在东南和西北角伸出水湾小涧，池岸处理成洞穴的形状，使人想象到这里的水面与外界宽广的河流山涧是相连的，给人余韵不尽的印象。园林的叠山也并不在规模上强求相似，而是借助造石的技法表现峰峦、绝壁、山涧，力求表现自然山峦的神态和意蕴。游人虽看不到完整的山峦，却能在想象中体会到群峰蔽日、重峦叠嶂的宏伟景象。

园林意境的产生，同样离不开人的思想感情的参与。中国园林中众多的审美对象，无论造园家如何精心设计、布局，唯一的目的就是在特定的时空里最大限度地刺激游客的心，促使其生情、生意。唯有心物契合，情景合一，园林的意境方能酝酿生成。游人或抚绕孤松，或驻足花丛，或信步闲庭，或揽风亭台……通过身临其境的领悟，在有限的园林实景中感受到诗情画意的无限意蕴，使整个身心完全陶醉在"象外之象，景外之景"的审美意境之中。

(右) 图5-7 苏州网师园的叠石池岸（萧默/摄）

堆叠的石头河岸营造出了水面与外界宽广的河流相连的假象，给人余意不尽之感。池岸低矮，临池建筑接近水面，所置山石、花木也不高大，这就使水面显得宽广开阔。

　　园林景物对游人情感的激发，主要是通过人的眼、耳、鼻。作用于眼睛的主要是园林的景点。园林艺术的魅力，一方面在于设计师的匠心独运；另一方面在于观赏者的想象再创造。有"翰墨园林"之称的扬州瘦西湖闻名中外，其小金山麓的一组精舍更为人所称道。它按文人雅好的琴棋书画构制而成，巧妙的是，造园家将琴室、棋室、书室明提，却将画室暗点，在东面湖边建水榭式建筑月观。如果月观叫画室，就过于求实，既索然无味，又俗不可耐，扬州瘦西湖也就没有"翰墨园林"之称了。中秋之夜在月观赏月，只见皓月当空，与湖中月影相互交映；荷花盛开，丹桂飘香，沁人心脾。著名书画家郑板桥所书楹联"月来满地水，云起一天山"更是妙绝：观内无水，却有水意；观前无山，却具山情。瘦西湖虽然有限，但月色溶溶，就显得无边无际；小金山虽微不足道，但水汽弥漫，与天边云山连绵逶迤。如此天上人间，小景变大景，有限的园林化为无限的诗境，真可谓"景有尽而意无穷"了。

　　作用于耳的信息，主要反映在园林以声音为特点的景点上 (图5-8)，也就是前面所说的声景。在虎丘著名的养鹤涧旁，在留园闻木樨香轩的廊内，在环秀山庄的溪谷空间里，每当春雨绵绵，或秋雨潇潇，便可领略到这种声音之美。承德避暑山庄的万壑松风，古松参天，松涛阵阵，是著名的以声取胜的景点。无锡寄畅园的八音涧，引无锡惠山泉水，由山的腹地经过曲折的溪涧进入寄畅园，沿着这条溪涧，使水由石上跌落于道中，产生叮叮咚咚的回响声，时而清浅低唱，时而婉转回环，恰如天然的琴曲。杭州西湖的曲院风荷 (图5-9)，苏州拙政园的留听阁，都以欣赏雨打荷叶发出的声音为特色。还有圆明园的夹镜鸣琴、避暑山庄的风泉清听等，都是著名的园林声景。中国园林常常借声音现象传达个人的情感意绪，从而给自然声音赋予动人心弦的情感美特征：秋雨梧桐就是人间说不完道不尽的悲欢离合的典型；残荷雨声代表着一种忆旧怀亲的伤感愁绪；雨打芭蕉则

图5-8 扬州个园封火巷与南墙上的二十四个风音洞（陈一年/摄）

封火巷与南墙上的二十四个风音洞，巷风袭来，发出酷似冬天北风呼啸之声。造园者不仅利用"雪色"来表现冬天，还巧妙地将"风声"也融合到表现手法中去，令人拍案叫绝。

图5-9 杭州西湖的"曲院风荷"（Alchemist/摄）

西湖十景之一的"曲院风荷"，以荷叶受风吹雨打、发声清雅的"千点荷声先报雨"的意境为其特色。

表达一种轻愁、一种无奈的思念之情。意境的化出，更将声音之美引向了一个特殊高妙的境界。宋代诗文名家王安石在南京筑半山园，园中泉、石、花、木、亭、桥应有尽有，但让他最动情的，还是"黄鹂三两声"。这是因为清和婉转的鸟鸣声潜入了他的心底，唤醒了他的记忆，所以才能让他动心动情，如醉如痴。

　　作用于鼻的信息，则主要体现在园林内植物的芳香。游览中国园林，不仅能看到美丽的景色，还能闻到醉人的芳香。春天有扑鼻的桃李芬芳，夏日有袭人的荷花清香，秋季有浓郁的丹桂飘香，冬天有浮动的蜡梅暗香。苏州的沧浪亭，园中多以桂花造景，清香馆 _(图5-10) 前一道漏窗粉墙，

图5-10 苏州沧浪亭的清香馆（树莓/摄）

清香馆又名木樨亭，是五间画廊形式的建筑。取李商隐诗"殷勤莫使清香透，牢合金鱼锁桂丛"句意为馆名。

自成院落。院内植有几株桂花树，苍老古朴，已是百年老树。每逢秋风送爽之际，丹桂吐蕊，清香四溢，沁人肺腑，令人心旷神怡。这上下四方无不弥漫的花香，笼罩了所有的空间，随着花香，原来有限的小庭园似乎也因花香而变得宽大起来。毫无疑问，这正是游客的美感在起作用。

在审美意境的创造上，中国园林十分重视写意手法的运用，一山一石

图5-11 杭州西湖的人文景观岳王庙，1946年旧照片（黄欣提供）

　　岳王庙位于西湖西北角。岳王庙是历代纪念民族英雄岳飞的场所。岳王庙始建于南宋嘉定十四年（1221），明景泰年间改称"忠烈庙"，以后代代相传一直保存到现在。

都耐人寻味，给人留下充分的联想和回味的余地。一块小石，便有山壑气象；一勺清水，便有江海气象；一草一木，便有森林气象；一座建筑小品，实际上代表了造园家的人格理想。中国园林在景点的空间布置上追求"山重水复疑无路，柳暗花明又一村"的境界。因此园林的布局设景，总是尽量避免形成一览无余的视觉效果，使人在有限的园林空间内，仿佛置身于变幻的仙境中，从而形成一种含蓄幽深、形有尽而意无穷的意境美。

　　游览过中国园林的人，大都赏心悦目，流连忘返。为什么中国园林一年四季都能吸引无数的中外游客，令人百看不厌呢？风景优美固然是重要原因，但还有个不容忽视的关键因素，这就是，中国园林中有文学、有文化、有历史，可以使游人产生更多的兴发与联想。杭州西湖风景之美名闻天下，但若论水，西湖不及江苏的太湖，不及云南的洱海；若论山，又不及浙江的雁荡山，不及安徽的黄山。但为什么西湖名气如此之大呢？有一点可以肯定，如果西湖只有山水之秀和林壑之美，而没有岳飞、于谦、张苍水、秋瑾这些气壮山河的民族英雄，没有白居易、苏轼、林逋这些光昭古今的文人墨客，没有传为千古佳话的白娘子、苏小小、济公的传说，西湖是不会那么美的。正是由于西湖优美的自然环境、丰厚的文化底蕴（图5-11）最容易使游客受到感染，最容易使游客展开想象的翅膀，最容易形成审美意境，所以在游客的心目中，西湖才是最美的。

总之，中国园林之美多多，最本质者在于意境之美。置身园林，时闻弦外之音；游毕而归，每有不尽之意。这就是中国园林意境美的无穷魅力。

█ 动态之美

　　在构成中国园林艺术美的诸多因素中，最引人入胜的莫过于动态美了。中国园林的动态美，首先表现在景物的动态上。一座面积有限、四面围墙的园林，难免给人一种凝固、闭锁的感觉。但造园家却能运用具有动势的造型艺术，使一座小园平添活力，俯仰成趣。比如一条弯弯的园林小路，因曲折而给人蜿蜒向前的动势；游龙般的云墙，好像在跌宕起伏中蠕动；那高高的尖塔，高耸着指向苍穹，仿佛在向上升腾；在飘动的白云的映衬下，就连顽石也好像在动；即使是晴空万里，也照样富有动感，因为中国园林造山叠石的审美标准之一就是皱，是指山石的表面有凹凸的褶皱，外形起伏不定，既有明暗变化而又富有节奏感。中国园林的建筑，如亭、廊、楼、阁，是庄重的、静止的，但为什么不让人感到沉闷、压抑呢？这就妙在中国古人创造了飞檐这种形式（图5-12）。它使房顶四角就像飞鸟一样展翅欲飞。在屋脊和飞檐上又有龙、凤、麒麟、人物与其他飞禽走兽等饰物，以及瑞云、卷草这类纹饰，无一不具有腾跃之美，给人天马行空之感。

　　中国园林的空间，讲究多个方位的变化。叠山、理水以及建筑、花木

图5-12　苏州玄妙观的四海亭建筑飞檐（张波/摄）

　　苏州玄妙观是中国江南地区历史最悠久、规模最大的道观之一。其中的四海亭飞檐斗拱，展翅欲飞，出色地体现了道家容忍、宽大的胸怀。

　　的设置，都是力求营造山高水低、高低错落的变化，使得游人无论身在何处都能得到美的享受。在园中漫步，随着地形的起伏和建筑的高低错落，既可仰观亭台楼阁，也可俯视绿水红鱼，视角多变，美不胜收。

　　中国造园强调有山有水，园以山奇，山因水活；山是静的，流水则是动的，二者结合，死山也就变活了。至于那流水的声响，更会使静静的园林充满生机。假如人们在竹下、花间流连，或"万竹引清风"，或"秋风动桂枝"，在这里，风也成了园林动景的一部分。中国园林的设计常常是动中有静，静中有动。山静泉流，水静鱼游，花静蝶飞，石静影移，都是静态形象中的动态美。而各种动势相互影响，又会产生某种张力，更加强了园林生机勃勃的动态美。人们游赏一座封闭的园林，之所以不会感到静止与凝滞，其原因就在这里。

　　对中国园林的审美活动离不开时间的流动，离不开春夏秋冬的季节变化，离不开晨昏昼夜的时辰变化，也离不开阴晴雨雪的气象变化（图5-13、图5-14）。正是由于这些不断变化的天时，才使人们对园林的欣赏有了更深的动态美感。中国古代的造园家们，早就掌握了园林景观的时间性，使

137

图5-13 苏州留园夏景（树莓/摄）

　　在留园的中部，可以观赏到春、夏、秋、冬四季的景色。图中是留园明瑟楼的夏景。

138

图5-14 苏州留园冬景（张丽娜/摄）

　　与夏景相比，白雪覆盖一切后的
冬景给人一种洁白、苍茫、天地间陡然
静美的感觉。

图5-15 扬州个园秋山
（吴棣飞/摄）

　　秋山位于个园东北，坐东朝西，以黄石假山叠成，拔地而起，峰峦起伏，气势磅礴。山岭为全园制高点，登山俯瞰，顿觉秋高气爽。

图5-16 扬州个园冬山
（吴棣飞/摄）

　　冬山系用宣石叠成，石白如雪，似有一层未消的残雪覆盖，称之为冬景。

良辰和美景互相融合，使时间和空间互相交感，构成一个个动态的风景系列。事实上，季节变化之美在中国园林中是被有意识地突出和强化的。比如用花表现季节变化的有春桃、夏荷、秋菊、冬梅；用树表现的有春柳、夏槐、秋枫、冬柏；用山石的，春用石笋、夏用湖石、秋用黄石、冬用宣石（英石）（图5-15、图5-16）。杭州西湖的造景，春有柳浪闻莺（图5-17），夏有曲院风荷，秋有平湖秋月，冬有断桥残雪。

不仅一年四季景色不同，就是一日之中也会有朝晖晚霞的不同景致。如苏州网师园的月到风来亭，白天满池清水倒映着园中美景，时时不同，意趣多变；待到皓月当空，则月光、灯火、池水交相辉映，另有一番景象。至于雨、雪、阴、晴中的景色，更是变幻无穷，正所谓"朝晖夕阴，气象万千"。这些借助不同时间而呈现的园林动态之美，唯有抓住良辰，方可获得最大的享受。

图5-17 杭州西湖著名的春景"柳浪闻莺"（黄旭/摄）

这里因柳叶葱葱、莺声婉转而成为人们休闲的好去处。春天柳树成荫，婀娜多姿，随风摇曳。散步其间，浓荫深处的柳树给人阵阵凉意，悦耳的莺啼声更是撩人遐想。

如前所说，中国园林主要是借山水、花木、建筑等物质实体来表现造园家的审美理想，因此它是一种空间艺术。游人对园林的审美活动，总是通过静观与动观这两种不同的赏景方式进行的。所谓静观，就是游人停留在某个景点上观赏，并细细品味周围景物的意趣，所欣赏的是园林的静态美。所谓动观，则是游人在行进中赏景，景点随着人的移动而连续不断地变化，所欣赏的是园林的动态美。欣赏小型园林往往以静观为主；大园因

141

为有较长的游览路线，所以多以动观为主，但二者又是交互结合在一起的。适合静观的位置多在厅堂、轩榭、楼阁、亭台、古迹等处，这些地方往往视野开阔，景色迷人，文化底蕴深厚，宜坐、宜留。可以在岸边细数池中游鱼（图5-18），也可以在亭中迎风待月，更可以发思古之幽情。当然，即使是相对静止的景物也因观赏角度的不同而面貌各异，呈现出一定程度的动态美，正如宋代大文豪苏东坡所说："横看成岭侧成峰，远近高低各不同。"

中国园林的景点设计主次分明，景色多变，因此造园家往往为此设计出一条最佳的游览路线，在行进中把各种最佳的动态观赏点和供人休息、宴客、活动、居住的建筑物有机地串联在一起。中国园林中的游览路线通常是自然曲折、高下起伏的，或临水景，或依山麓，有的还设置了曲折的长廊，让游人免受日晒雨淋之苦。曲折的游廊（图5-19）、起伏的台阶、蜿

（上）图5-18 广州宝墨园（王敏/摄）

这是集包公文化、古建筑艺术、岭南园林于一体的古建园林。园内溪水环绕，百卉丛开，风景绮丽。画面是游人在观赏清平湖里饲养着的锦鲤。

（下）图5-19 广东顺德清晖园（张国声/摄）

园内水清木华，幽深清空，利用碧水、绿树、吉墙、漏窗、石山、小桥、曲廊等与亭台楼阁交相辉映，构筑别具匠心。画面是清晖园内曲折蜿蜒的游廊。

图5-20　北京颐和园昆明湖东岸（1864年
的版画，E.希尔德布兰特绘）

穿过东宫门内的一片宫殿，来到此
处，大有豁然开朗、柳暗花明之感。

蜓的石径，都是动观的好地方。游人或登高远眺，或洞底探幽，园林美景
如画卷般徐徐展开，从而使人体验到一种节奏和韵律的动态之美。

中国传统艺术最忌直露，所以园林艺术也以含蓄深邃、曲折多变闻名
于世。一座好的园林，绝不会让游人一下就看到全园最精华的部分，一些
构思精妙的佳景往往藏在后面，这叫作先藏后露，或欲扬先抑。例如北京
的颐和园 (图5-20) ，从东宫门进入后，首先看到的是一片整齐对称的宫殿、
廊院、围墙。当人们通过一段曲折、封闭的行程而略有倦意时，绕过仁寿
殿便来到昆明湖边，当广阔的湖面和美丽的西山出现在面前时，顿时觉得
豁然开朗。

图5-21 扬州个园题有
"幽邃"的园门（武德兵/
摄）

个园的"万竹园"可
以说是"个园"的魂魄，
一眼望去，高竿临风，修
篁弄影。漫步竹径之上，
只觉竹香清幽。走到竹林
尽头处，一抬头，门洞之
上赫然题着"幽邃"二
字。穿过"幽邃"园门，
就是一片豁然开朗的天
地，给人一种先是曲径通
幽，继之豁然开朗的感
觉。

　　为了激发游人的好奇心和想象力，中国的造园家们常常利用障景营造
景观效果，以增强游人的动态审美趣味。这种障景造园手法，起着峰回路
转、曲径通幽、引人入胜的作用。比如大观园用假山作为屏障，目的是避
免游人一入园便对整个园景一览无余，而采用障景的艺术手法，以达到曲
径通幽的效果。这种手法在江南园林中随处可见，有些园林在某一景区的
入口处，还直接挂上"通幽"、"幽径"的匾额，以唤起游人的动态审美
意识。（图5-21）多数园林的入口处，常用假山、小院、漏窗等作为屏障，适
当阻隔游人的视线，使人走进园门只能隐约地看到园景的一角，几经曲折
才能见到园内山池亭阁的全貌，从而发出"庭院深深深几许"的感慨。杭

图5-22　北京北海公园的九龙壁（阿酷/供）

北海公园的九龙壁长25.52米，高5.96米，厚1.6米；壁上嵌有山石、海水、流云、日出和明月图案。底座为青白玉石台基，上有绿琉璃须弥座，座上的壁面，前后各有9条形态各异、奔腾在云雾波涛中的蛟龙浮雕，蛟龙体态矫健，龙爪雄劲，形象生动，栩栩如生。

州西湖之所以让人百看不厌，正由于它园中有园，院中有院，湖中有湖，岛中有岛，景外有景，变化无穷，动态的园林美使人流连忘返。以布局紧凑、变化多端为特点的苏州留园，在园门入口处就先用漏窗来强调园内的幽深曲折，园内的景色随着曲折的路径依次展开，大有移步换景之妙。此外如北京恭王府花园的土山，上海龙华公园入口正面的黄石大假山，苏州寒山寺门前的影壁，北京北海的九龙壁（图5-22）等，都是中国园林常用的障景手法，目的都在于引起游人的动态审美情趣。

天地一园

中国园林

6

各擅其美

——中外园林之比较

▍中西园林之比较

园林艺术是一种实用和审美相结合的艺术，由于中国和其他国家在历史背景、文化传统、审美趣味等方面的不同，在园林艺术上也风格迥异、各有千秋。从世界范围来看，造园系统大致可分为三种类型，即西方（主要是欧洲）和东亚（主要是中国和日本）、西亚（主要是阿拉伯世界）。在这里，我们无意评判中外园林孰高孰低，但通过对比分析，可以进一步了解它们各自的风格是在怎样的历史背景和美学思想的影响下形成的。

总的来说，中国和西方在园林的起源、发展过程、造园要素和社会功能等方面有着广泛的相似性，但两者的差异性却更加明显。

其一是表现在中西园林在选址和地貌上的区别。中国园林绝大多数是人工山水园，即在平地上开凿水体，堆砌假山，配以花木和建筑，在一定程度内模仿自然山水风景。这类园林多修建在城市中，又称"城市山林"。西方古典园林的选址则一般在远离城市的郊外或者山麓，极少在城市中修建大型园林，所以西方的古典园林也称为"山林城市"。

中国园林的地表处理原则可以概括为"高埠可培，低方宜挖"。比如

147

图6-1　北京颐和园中的万寿山和昆明湖（陆建华/摄）

　　北京西北郊原有瓮山，为燕山余脉，山下有湖，称七里滩、大泊湖、瓮山泊、西湖。颐和园就是在此基础上加深西湖成为昆明湖，以挖湖之土增高瓮山成为万寿山。

　　北京的颐和园，把本来就地势低洼的地方挖成了寿桃状的昆明湖，而用挖出的土方堆筑成了高60米的万寿山（图6-1）。西方古典园林的地表处理原则可以概括为"高埠可平，低洼宜填"。例如法国的凡尔赛宫（图6-2），园址

148

图6-2 法国的凡尔赛宫（严向群/摄）

1624年，法国国王路易十三以10000里弗尔的价格买下面积达117法亩的凡尔赛宫原址附近的森林、荒地和沼泽地区，并修建一座两层红砖楼房，作为狩猎行宫。以后加以平整，使整个园林建在平坦而又广阔的人造平原上。

本是一片有沼泽分布的平缓丘陵，经过削平丘陵，填平沼泽，整个园林就建造在这处人造平原上。因此，中国园林的地表是高低起伏的，而西方古典园林的地表却是平坦开阔的。

149

天地一园

图6-3 苏州沧浪亭（曾宝琪/摄）

凭借地势的高低而修建园林，亭台楼阁参差错落，花草树木也高矮不一，尽量保持原貌，使整个布局显得极其自然，几乎看不出人工痕迹。

其二是风格的不同。中国园林是典型的自然山水式园林，其风格是崇尚自然。无论是北方的皇家园林，还是江南、岭南的私家园林，都非常强调顺应自然。总是在有限的空间范围内尽量模拟大自然中各种景物的造型和气韵，连树木花卉的处理也讲究表现自然。例如，颐和园的昆明湖、万寿山以及其中的长堤等，都显得自然和谐，丝毫没有人工穿凿之感；而

苏州的沧浪亭（图6-3）中巧妙设置的山水树木、亭台楼阁等景物，也显示出浓郁的自然韵味。中国为数众多的私家园林既不求轴线对称，也没有任何规则可循，相反却是山环水抱，曲折蜿蜒，不仅花草树木保持自然原貌，即使人工建筑也尽量参差错落，力求与自然融合。西方古典园林的风格则是崇尚人力，表现为一种人工的创造，是典型的几何形园林。在西方园林

图6-4 意大利兰特庄园（Focusphoto /摄）

　　此园林布局中轴对称，均衡稳定，主次分明，各层次间变化生动。它由4个层次分明的台地组成：平台规整的刺绣花园、主体建筑、圆形喷泉广场、观景台（制高点）。树木、花卉都布置成几何图案，甚至把树冠修剪成几何形体，高度发展了树木造型艺术。

中，无论是建筑还是山水树木，所有的景物都有人力加工的明显印记。其建筑排列整齐，水源做成喷泉等，树木一律整齐地排列在道路两旁，如同等待检阅的仪仗队。树冠修剪得规整划一：球形、方形、圆锥形、葫芦形、尖塔形……处处呈现出一种几何图案美（图6-4）。园中虽有很多自然物，但自然的气韵已经不复存在。比如法国的凡尔赛宫，园中的皇宫、教

图6-5　深圳世界之窗微缩景观"法国凡尔赛宫"
（武德兵/摄）

　　正如德国美学家黑格尔所说："最彻底地运用建
筑原则于园林艺术的是法国的园子，它们照例接近高
大的宫殿，树木栽成有规律的行列，形成林荫大道，
修剪得很整齐，围墙也是用修得整齐的篱笆建成的，
这样就把大自然改造成为了一座露天的广厦。"

堂、剧院等都是排列规整，连廊柱、花坛、草坪、雕像、喷泉等也都秩序
分明，呈现出几何形状，充分体现了人工改造自然的力量（图6-5）。

　　其三是规模的差异。中国早期的园囿规模较大，但宋代以后的中国园
林追求的是壶中天地，以小见大，所以规模相对较小。即使是现存最大的
皇家园林——承德避暑山庄，也只有564公顷；而中国南方的文人园林一
般只有几十亩大小，如颐园占地两亩多，是上海现存最小的园林。园子虽
小，但山、池、桥、楼、阁、斋、舫、榭、廊、古树、翠竹一应俱全，享
有上海十大名园之一的美誉。而建于清末的苏州残粒园，面积仅140多平方
米，是现在发现的最小的苏州园林。

图6-6 法国凡尔赛宫的御花园（Aprescindere /摄）

　　这是一座纵深3000米的园中之园，视野开阔，一望无际。这里有对称而又整齐的树林、建筑和美丽的花圃，有1400多个不息的喷泉，千姿百态，美不胜收。此外还有各种雕塑和一个人工湖。场面宏大，景色如画，十分迷人。

　　西方极少有私人园林，其古典园林相当于中国的皇家园林，十分追求宏伟壮观的气势，并且由于选址一般在郊外，有足够的面积来造园，所以规模相对较大。如法国凡尔赛宫占地面积达670公顷，仅中轴线就长达3000米，并且总是用一种令人震撼的大尺度空间表现一种庄严、气派、华丽的

图6-7 香港大屿山龙仔悟园的九曲桥（苏朗智/摄）

九曲桥，顾名思义，是指桥共分成9个弯，曲折迂回。"九"是数字中最大的单数，古有"九九归一"和"九五之尊"之说，都是对"九"这个充满吉祥、尊贵的吉数集中的概括。

氛围（图6-6）。比如大面积的整齐草坪，夸张的各式水景以及水景与壁龛中的各种雕塑等。

其四是整体布局的差异。中国园林所追求的是林泉之趣和田园之乐，追求人工美与自然美的高度统一，所以在园林设计上突出的是自然山水，建筑只是作为陪衬和点缀。而西方古典园林却是以建筑为主体，建筑物控制中轴线，中轴线控制整个园林，突出的是建筑。甚至连植物也成了建筑物的陪衬或其中的一部分，所以西方古典园林中的植物被称为绿色建筑或绿色雕塑。

中国园林中的道路本身就是重要的审美对象，讲究曲径通幽，园越小，路越曲。桥也往往作三曲、五曲、九曲（图6-7）。因此往往柔美有余，

155

阳刚不足。而西方古典园林大多是笔直的大道（图6-8），仅仅是为了解决景点与景点之间的交通问题。一般是以中轴线为中心，四周分布笔直的大道，形成放射状，道路之间交叉形成无数直角与锐角，显得阳刚有余而柔美不足。

图6-8　法国凡尔赛宫笔直的大道（Aprescindere / 摄）

宫殿西面是一座风格独特的法兰西式大花园，风景秀丽，其中轴线长达3000米。大小道路都是笔直的，与花草、水池、喷泉、柱廊组成几何图案，被称为"跑马者的花园"。

中国园林的水体是连续分布、相互贯通的。哪怕再小的水面也要曲折有致，给人源远流长的感觉（图6-9）；溪流、瀑布更是中国园林显示动态美的方式。西方园林中的河道则呈直线，湖面是矩形、圆形或别的几何形状。比如在法国凡尔赛宫苑内，宫殿的西部展开一条长1600米宽120米的规整的大水渠（图6-10）。水往低处流乃水的本性，中国园林中的水处理顺应了这种自然规律，从高到低，任其流动。

（上）图6-9 苏州网师园的水岸曲折近乎天然(慧眼/摄)

（下）图6-10　法国凡尔赛宫的大水渠
（Lexan /摄）

网师园的中部山水景物区，突出以水为中心的主题。水面聚而不分，池西北石板曲桥，低矮贴水，东南引静桥微微拱露。环池一周叠筑黄石假山高下参差，曲折多变，使池面有水广波延和源头不尽之意。

闻名遐迩的凡尔赛宫大水渠，长1600米，宽120米，水岸笔直规整，气势宏大壮观。

图6-11　法国凡尔赛宫花园的喷泉
（Onairda /摄）

　　凡尔赛宫花园现存面积为100公顷，以海神喷泉为中心，主楼北部有拉冬娜喷泉，花园内共有喷泉1400多个。

西方园林则多设喷泉（图6-11），偏偏强迫水要按照人的意志向高处喷。人造瀑布的石级也等宽、等高，瀑流循规蹈矩。甚至对待水声，中西方也判然有别。中国人把汩汩的流水声视为天籁之音，美妙无比；但西方人对此却无动于衷，非得让水流经过粗细不一的金属喷嘴奏出简单的乐曲。

　　其五是造园艺术的差异。中国园林注重写意，刻意追求诗情画意和含

图6-12 苏州狮子林的假山曲径（曾璜/摄）

狮子林以假山奇石、洞壑深邃而盛名于世，素有"假山王国"之美誉。狮子林的湖石假山多而精美，湖石玲珑，洞壑宛转，曲折盘旋，如入迷阵，有"桃源十八景"之称。这与中国人的含蓄性格不无关系。

图6-13 法国凡尔赛宫的花园平坦开阔（曹治文/摄）

以凡尔赛宫为代表的西方花园十分开阔。走出凡尔赛宫，整个花园一览无遗，可以一直望到尽头的阿波罗池塘，这与西方人的直率性格不谋而合。

蓄美、朦胧美，即使是小园也可以拉出很大的景深，其中奥妙正在于藏而不露，而且虚中有实，实中有虚，使人有扑朔迷离之感。中国园林讲究迂回曲折，曲径通幽，咫尺之间变幻多重景观，比如苏州狮子林中的假山曲径(图6-12)，极尽曲折回环之能事。所以中国园林有"步行者的园林"之说。西方古典园林则注重写实，刻意追求人工美、图案美，讲究规整、直观、开朗、明快、坦荡，即使加上草坪、花园，也在开阔之处。站在平地可洞观四方，登高瞭望则更是一览无余(图6-13)，所以西方古典园林有"骑

159

图6-14　西方园林中直接用枯树做成的雕刻艺术品（Moramora /摄）

西方人酷爱雕塑，西方古典园林也多以人物雕像为视觉中心，或以雕塑作品作为点缀与装饰的内容，而不以自然形态的石头作为观赏对象。

马者的园林"之说。

西方人喜好雕塑，在园林中也有着众多的雕塑。比如在德国园林中，除明显的雕塑之外，甚至在园林中的枯树上也刻有图案，用以观赏（图6-14）。而中国人却喜欢在园林内堆筑假山，而且乐此不疲。中国人看树赏花，注重的是姿态，而不太讲究品种的繁多；赏花甚至可以只赏一朵，而不苛求数量。而西方人却讲究品种多，数量大。如法国园林鲜花繁多，凡尔赛宫苑就有200多万盆花，但法国人并不怎么欣赏其姿态，他们讲究的是品种和数量，以及各种花在花坛中编排组合的图案，他们欣赏的是图案美。

总而言之，西方园林给我们的感觉主要是悦目，而中国园林则意在赏心，这应该是中西园林最大的不同。

▎ 中日园林之比较

　　说到东方园林，不能不提到日本，因为日式园林对世界的影响同样深远。在古代历史上，中国一直是日本的主要文化外源地，因此两国的古典园林在造园环境、园林类型、造园思想、造园手法等各个方面也都具有相似性和共通性，甚至可以说日本古典园林是中国园林的一个分支。但是，日本园林并非中国园林的原型复制或机械再现。由于两国文化结构的差异，也由于禅宗思想的不同影响，中日两国园林又具有各自的特点，体现出各自的民族心理和审美意识。

　　从园林类型来看，中日两国的古典园林都可分为皇家园林、私家园林和寺庙园林。但是，中国皇家园林的气势要远远胜过私家园林；而在日本正好相反，私家园林的气势胜过了皇家园林。中国皇家园林显得庄重、典雅、气派、大方、华贵，规模宏大，建筑巍峨，雕梁画栋。日本的皇家园林却是小山小水，茅茨草屋，不涂色彩，树多屋少，规模较小。如京都的桂离宫 (图6-15)、仙洞御所、修学院离宫、京都御所庭院，这四大名园都是如此。

　　如果细分的话，日本的私家园林和寺庙园林又可分为以下几种类型：

161

图6-15 日本的皇家园林——桂离宫（Razvanjp/摄）

　　桂离宫以庭园和日本式建筑而闻名于世，面积为56000平方米。宫殿以古书院、中书院、新御殿为主，池子周围建有书院、茶亭，巧妙地融合了庭园和建筑的结构。庭园的中央为池塘，上有大小岛屿，书院和茶亭相邻而立，整洁幽静。

枯山水、池泉园、筑山庭、平庭、茶庭等。枯山水是在没有池水溪流的地方仅立山石，以沙代水，以石代岛；池泉园式园林偏重于以水池、泉水为中心；筑山庭则是偏重于堆土山；平庭是在平坦地面上进行园林规划；茶庭是在进入茶室前的一段空间里布置各种景观。

　　中国的私家园林与文人士大夫有着不解之缘。园林既是文人做官之前的读书学习之所，又是文人退身之后的归隐静思之地；既是文人修心养性、安身立命的乐土，又是文人谈古论今的园地。因此，中国的私家园林大多体现了文人士大夫的理想人格追求和审美情趣。其特点是面积不大，小巧玲珑，富有诗情画意。日本从镰仓时代到江户时代几百年间，都是由将军执政，所以私家园林以武士园林为主，突出武士的情趣与爱好，表现为果敢、有魄力、有气势。其石景巨

163

大，瀑布壮观，建筑雄伟，规模和装饰都胜过皇家园林和寺庙园林（图6-16）。如东京的六义园为武士柳泽吉保的私家园林，虽取中国《诗经》中的赋、比、兴、风、雅、颂六义，但武士气息十分浓厚。最突出的表现就是园林中普遍筑有马场和射箭场，作为训练武术、展示武功的场所。

中国的寺庙园林包括寺院园林和道观园林；日本的寺庙园林则包括寺院园林和神社园林。中国的寺庙园林风格不明显，常常运用私家园林的方式加以构建，讲究诗情画意，突出儒性，体现出宗教的世俗化；而日本寺庙园林则风格突出，靠园林本身塑造宗教的气氛和形象（图6-17），并影响其他类型的园林，

165

以至于武士园林也常常借用寺庙园林的表达方式。其中寺院园林讲究禅思枯意，突出佛性，在手法上有非常独特的枯山水庭院，表现出世俗的宗教化。而神社园林则以建筑为主，庭前的一片白沙映衬出某种神圣与神秘。

从园林整体布局来看，中日两国的古典园林同为自然山水式园林。但中国园林深受大陆文化的影响，因此在山和水之间偏重于山。而日本园林则深受海洋文化的影响，因此在山和水之间偏重于水。中国园林的水景多数是河、湖、海的真实写照；而日本园林的水体则多数是模拟海景。中国园林中可以没有岛，但必须有山，即便没有真山，也要有人工堆叠的假山；而日本园林中可以没有山，但必须有岛。中国的堆山是昆仑的象征；而日本的堆山则是海岛的象征。在园林的游览方式上，中日两国都有舟游、路游（日本称"回游"）、坐观三种。中国园林以动观、路游为主；而日本园林则以静观、舟游为主。

中日两国的古典园林虽然从本质上说都是自然山水园，但二者仍然有明显的不同。以下我们从各个造园要素加以对比，以略见一斑。

中国园林的叠山喜欢用太湖石、黄石、英石等，而日本园林喜欢用青石、鞍马石、石灰石等。中国园林多以竖向叠山为主，山体较为高大，以表现山的峻峭挺拔，创造深山幽谷、洞天福地的意境，如苏州留园的冠云峰，狮子林的九狮峰 (图6-18) 等；日本园林置石以横卧为主，石体多低矮，并且部分埋在土中，石上生青苔，以展现天然之趣，如京都龙安寺的方丈前庭 (图6-19)，大德寺大仙院的方丈北庭等。中国园林的叠石手法多样，追求奇险，喜欢雄伟挺拔、山势嶙峋的气势，如故宫的御花园中的假山；日本园林一般都用模仿自然名山的覆盖草皮的土山，而不用假山，即使用，也喜欢朴素自然的气质，不求奇险，追求荒山野丘的趣味，强调淡泊宁静，一般规模较小。

中日两国的古典园林在理水方面都受到中国道教方术思想的影响，有

图6-18　苏州狮子林的假山九狮峰（王琼/摄）

　　此峰立于粉墙之前，庭院内东西各有半亭，挤出空间以突出九狮峰。初看涡孔遍布，无甚奇特，细察似九头小狮自在戏耍。观赏此石须配合想象，妙在像与不像之间。

图6-19　日本京都龙安寺的方丈前庭(西页/摄)

　　浩庭园呈规则的长方形，园中地上铺满白沙，其中排列着5组块石，以五、二、三、二、三的块数组合，布局错落有致。块石和附近的地面上长着斑驳的苔藓，没有花木，只以庭园之外苍翠的松树作为背景。其抽象、纯净的形式，给予人们无限遐想的天地。

图6-20 苏州拙政园的一座小亭，屋顶是瓦砌成的（吴棣飞/摄）

　　中国古典园林中多用瓦堆砌屋顶，瓦可分为陶土瓦和琉璃瓦两大类。私家园林用青陶小瓦，皇家园林则用明黄色琉璃瓦。筒瓦檐端有瓦当，并有各种纹饰。

　　所谓一池三岛，以象征东海和蓬莱、方丈、瀛洲三座仙山。但这一点在中国园林中越来越淡化，海化为池，岛化为山，而且往往不拘一格，一岛、二岛或是多岛。日本古典园林则是严格遵守一池三岛的定制，而且乐此不疲。此外还有九山八海、三尊石、五行石等独有的做法。中国园林的理水原则是"小水则聚，大水则分"，讲究的是真水处理；而日本园林有真水和枯水两种处理手法：真水除了某些舟游式池泉园，如桂离宫、京都御所等，一般水体都较小，而且以聚为主。枯水处理则以枯山水庭园最为典型，如日本京都东福寺方丈南庭的枯山水，它用石块象征山峦，石块或单独或三五成组放置，以示崇山峻岭或者重峦叠嶂。用白沙象征湖海，沙面平铺象征广阔海面；沙面耙成平行的曲线，犹如万重波涛；沿石根把沙面

图6-21 日本园林中随处可见的传统稻草屋顶小屋（Yuryz /摄）

　　日本的传统草屋多用稻草或桧皮覆盖屋顶，没多少装饰和雕琢，也没有亮丽的色彩。这与中国园林建筑夸张炫耀、色彩斑斓的风格迥然不同。

耙成环形，又象征惊涛拍岸。

　　中日两国的园林一般都有建筑物，但中国园林的建筑较多，有的园林甚至五步一亭，十步一阁，建筑材料以木结构为主，土石砖瓦为辅；日本园林的建筑普遍较少，建筑材料以木料、草料为主。中国园林多用瓦屋顶（图6-20）；日本园林多用草屋顶和桧皮屋顶（图6-21）。中国园林围合多用平开门窗，间或用实墙，很少用木板；日本园林围合多用推拉门窗，少用实墙，多用木板。 中国的建筑形体较为高大，日本的则较为矮小。中国园林建筑的室内家具多而高，以垂足而坐为主；日本园林建筑的家具少而低，以席地而坐为主。中国园林室内对称布局，陈设多，装饰华丽，是文人墨客吟诗作赋的地方，游览体验方式属于活动型；日本古典园林室内非对称

169

（上）图6-22 日本上野东照宫大门石鸟居（陈浩/摄）

日本石鸟居的形式与作用类似于中国的牌楼，它不但用于寺院、神社，作为区域的标志，也被用于园林、庭院的装饰。

（下）图6-23 日本上野东照宫前的石灯笼（张民杰/摄）

在佛前献灯火是佛教的重要礼仪之一。自奈良时代起，日本在修建寺院时就开始在寺院的正面建造石灯笼以保护向寺院所献的灯火。现在日本的石灯笼除了少量用于寺院神社以外，大多数的石灯笼都用于庭院、园林的装饰。

布局，陈设少，装饰朴素，是僧人和茶客静思悟道的地方，游览体验方式属于静悟型。中国园林建筑多用彩画，特别是皇家园林，更是雕梁画栋；日本的园林建筑则少用彩画，色彩十分朴素。中国园林建筑的书画作品较多，有门柱的对联、门楣的匾额、室内的书法和绘画、岩石上的刻字等；日本园林建筑的书画作品较少，多门楣匾额，少门柱对联。中国园林的外墙以实体墙为主，墙体较为高大；而日本园林的围墙常用竹篱，实体墙并不多，而且墙体较为低矮。中国园林的入口大门几乎都是巍峨高大，古色古

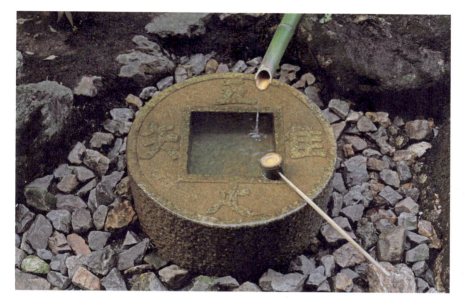

图6-24　日本京都龙安寺方丈庭院东北方的石质洗
手钵（西页/摄）

这个洗手钵表面刻有"唯吾知足"字样，是江
户时代大将军德川家康的孙子德川光圀进献的。据
说是把禅的格言形象化，以作为解谜之用。

香；而日本古典园林的入口大门有些却是木户（柴扉）。中国园林的建筑
小品有牌坊、石碑、石桌凳、盆景等；日本园林则有石鸟居（图6-22）、石灯
笼（图6-23）、洗手钵（图6-24）等。

　　花木在中日两国的园林中都占有重要地位，但也有明显差异。在花木
的选择上，中国园林讲究姿态美、色彩美、味道美，而且要求花木蕴含一
定的文化积淀，这一点前面已经有了比较详细的介绍。日本园林的花木种
类虽然不如中国园林的丰富，但由于受到中国文化的影响，所以在花木
品类上有相同的爱好。比如梅、兰、竹、菊"四君子"，松、竹、梅"岁
寒三友"等。此外，由于受禅宗思想的影响，日本园林还大量运用苔藓等

淡淡的镜湖里，精致的舍利殿静静地立在那里，把倒影投在水面上。一边映衬的是几株精致的黑松，周围是浓密的绿树环护。

姬路城是日本兵库县姬路市的一座城堡，因其白色的外墙也被称为白鹭城，以樱花闻名。它在日本是一个受欢迎的旅游地点，被联合国教科文组织列为世界遗产。

植物，形成苔庭。为了制造空寂，便于冥想，日本园林中常绿植物较多，而开花植物较少。最常见的是松树（图6-25）、枫树、樱花（图6-26）、杜鹃等。在花木应用上，中国园林重花、重色；而日本园林则偏叶、偏细部景观。中国园林的花木，无论是高大的乔木，还是低矮的灌木，基本上是自然生长；而日本园林却大量使用修剪树，并把大树小型化，尤其喜欢精致、细

弱的植物。

　　总之，中日两国园林是基于东亚文化基础上的两朵奇葩。通过分析比
较，可以加深对中国园林的认识，了解中日园林当中优秀的造园要素，以
及日本现代景观设计中对传统园林文化的继承和把握，特别是日本园林设
计中尊重自然、珍惜资源的生态原则和理念，是很值得中国借鉴学习的。

173

▌中伊园林之比较

西亚（阿拉伯）园林是伊斯兰园林的主体部分，而伊斯兰园林则是世界三大园林体系之一，是古代阿拉伯人在吸收两河流域和波斯园林艺术基础上创造的，以幼发拉底与底格里斯两河流域及美索不达米亚平原为中心，以阿拉伯世界为范围，以叙利亚、波斯、伊拉克为主要代表，同时影响到欧洲的西班牙和南亚次大陆的印度，是一种模拟伊斯兰教天国的高度人工化、几何化的园林艺术形式。

中国园林和伊斯兰园林在起源、造园的目的以及园林的功能等方面有不少相似之处，但二者毕竟是两种类型的园林。由于地理环境和气候条件不尽相同，文化习俗相差甚远，两者在很多方面又有着明显的差异。

从整体布局来看，中国园林基本上属于自然式，园址形状顺其自然，呈不规则的流线型。除北方少数的皇家园林外，并不强调明显的、对称性的轴线关系。特别是江南和岭南的私家园林，在整体布局上更不讲究对称和中轴线，而是充满了自然之趣，显现的是活泼、动态、多点透视的空间美。而伊斯兰园林则中规中矩，其经典布局是：矩形的园林由十字形的水

图6-27　西班牙阿罕布拉宫的狮子院（Albertojorge /摄）

　　　狮子院是一个经典的阿拉伯式庭院，狮子院四周均为马蹄形券廊，纵横两条水渠贯穿庭院，交叉成十字形而象征天堂。水渠的交汇处，即庭院的中央有一个喷泉，它的基座雕刻着12个大理石狮子像，故名狮子院。

渠分成4等份，中央设一个喷泉，泉水从地下引出，喷出之后由水渠向四方流去，4条渠象征天堂里的水、乳、酒、蜜4条河，如西班牙的阿罕布拉宫的狮子院（图6-27）就是其典型代表。这种布局方式使园林显得主次分明，重点突出，边界和空间范围一目了然，给人秩序井然和清晰明朗的印象。当然，伊斯兰园林也有一些变体，比如位于宏伟的宗教或陵墓建筑的前庭，以印度的泰姬陵（图6-28）为代表。

图6-28 印度的泰姬陵（林晶华/摄）

　　泰姬陵的大门与陵墓由一条宽阔笔直的用红石
铺成的甬道相连接，在甬道两边是人行道，人行道
中间修建了一个十字形喷泉水渠。陵墓的主体建筑
在水渠的一端而不是中央，这与传统的伊斯兰园林
格局明显不同。

　　在中国园林中，有园必有山，有山必有石。早期是利用天然山石，而
后则利用天然奇石叠造假山，可以说叠山是中国造园的独门绝技；伊斯兰
园林中却没有这样的叠山技艺，主要是选择天然石材修建水渠或建筑物，
176　这是中伊园林截然不同的一个方面。

图6-29 苏州拙政园西部的水廊（王立力/摄）

　　长长的水廊，水伸入廊底，具有水乡的意境。水从园的西南角之塔影亭的背后开始，弯弯曲曲一直流向拜文揖沈之斋，然后过廊桥向东流入中部的大水池。全园之水，曲折逶迤，妙不可言。

　　无论在中国园林，还是在伊斯兰园林中，理水都是造园的重要内容之一，但二者在内容和形式上有很大不同。首先，中国园林的理水在意象上表现的是河、湖、海三种自然景观；而伊斯兰园林却把水作为园林的血脉，象征的是生命之河与天堂。其次，中国园林在水形和水岸的处理上注重模仿自然，讲究水的源远流长，所以水流往往是九曲十八弯，表现的是一种自然之美，如苏州拙政园西部之水﹝图6-29﹞，从西南角开始，弯弯曲曲

177

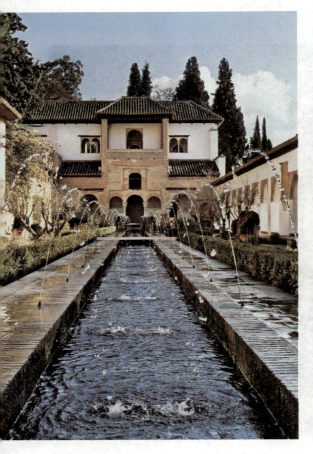

图6-30　西班牙阿罕布拉宫长方形
的水渠（Jblackstock /摄）

图6-31 西班牙阿罕布拉宫的建筑
（Daanholthausen /摄）

　　这个庭园是典型的伊斯兰园
林。院子是长方形的，中央有一长
方形水渠，水渠中有喷泉，几十个
喷泉整齐地排列，周围是花床，穿
过水柱看对面的塔楼别有一番情
趣。

　　建筑师将高超的数学知识融入
到建筑之中，整个空间充满着繁复
的图案和几何图形，无数次重复和
叠加巧妙地拓展了空间感；其厚重
的、堡垒式的外形据说是为了抵御
外敌的入侵。

　　一直流向中部园内大池，好似书法中的一帖狂草；伊斯兰园林的理水却是
以喷泉作为构图中心，笔直的十字形水渠贯穿全园，具有很强的装饰性，
表现的是一种人工之美。最后，中国园林中的水景功能较为单一，即只具

有观赏价值；相比之下，伊斯兰园林的水除了分割庭园、纳凉之外，还常常具有灌溉的功能，因此涌泉和滴灌也成为一道颇有特色的水景。如西班牙塞维尔的橘园，细长的水渠布满了整个果园，把象征天堂的中心水池的水引到每一棵橘树下面。在印度伊斯兰园林中还加入了台阶瀑布、跌水、喷泉等景观，使整个园林生机勃勃，充满活力。

中国园林中水体的样式是自由的，追求一种天然野趣，而且水区与陆区泾渭分明；伊斯兰园林中的水池或水塘却总是呈现几何图样（图6-30），或长或方，或圆或椭圆，或十字形，或奖章形，甚至是葱头形，并且都以瓷砖镶边。伊斯兰园林中的水总是伸手可及的，游客可以随时"灌手足以戏水，赏水波以见影"。有的园林甚至把水引入面向庭院的敞廊或厅堂，如阿罕布拉宫的狮子院，令人神清气爽的水几乎无处不在，即使在最小的晒台上的树影里也有喷泉。

中国园林的建筑以木结构作为基本框架，再支撑一个飞檐斗拱的坡形屋顶，显得十分轻盈。这种框架结构完全可以开合自如，不受约束地开窗和筑墙，有些建筑物如亭子，甚至完全不需要墙体。而伊斯兰园林的建筑大多呈现为独特的中庭形式，而且以石结构为主，很有厚重感，如厚实的墙体和梁柱等。在外轮廓处理中，较多地使用了几何图形，如方墙、穹顶、圆塔等（图6-31）。

中国北方的园林建筑平面布局较为严整，多用色彩强烈的彩绘，图案有人物、动植物、云纹等；南方的园林建筑一般都是青瓦白墙，褐色门窗，不施彩画，布局灵活，显得玲珑清雅，常有精致的砖木雕刻作装饰。相比之下，由于伊斯兰园林建筑大量使用以几何图形为基础的抽象化曲线纹样，追求鲜艳的色彩，喜欢用很纯的黄色、红色、绿色、白色等，甚至把整个建筑物都用彩色的琉璃或马赛克贴面，形成色彩华丽、光影变幻的装饰效果，看起来热烈而又富丽堂皇，体现了伊斯兰装饰艺术崇尚繁

图6-32　西班牙阿罕布拉宫的建筑装饰图案
（Rramirez125/摄）

　　这里的装潢设计可能是全建筑中最奢华的部分，厅中装饰着钟乳石状的雕饰，还有在伊斯兰建筑中难得一见的人物嵌像。精细而变化多端的线条装饰，是人们无穷想象力的发挥。

复、不喜空白的特点（图6-32）。印度的泰姬陵，可称得上全世界最美丽的陵墓了。位于绿地和蓝天之间的陵墓全部用白色大理石建成，显得端庄、典雅、秀丽。局部则镶嵌有各色宝石，显得五彩缤纷，光彩夺目。

　　受道家崇尚自然思想的影响，中国园林中的花草树木既可以集中，也可以散种，而且基本看不到修剪成几何图案的花木，显示出的是一种自然的山林野趣。伊斯兰园林和西方园林都是规整有序的，花草树木布置成几何图案，甚至连树冠也被整理成几何体。就大范围来说，花草树木讲究品

180

图6-33　西班牙阿罕布拉宫花园的
一角（Albertojorge /摄）

伊斯兰园林通常分割成四大
区，每个区又分出若干个几何形小
庭园，每个小庭园的树木种类相对
集中，且总是处理成几何图形。

种多，数量大；但在并列的小庭园中，每个庭园的花木则尽可能选用相同
的品种，以便获得稳定的构图效果（图6-33）。

　　与中国园林的植物景观追求人文内涵不同，伊斯兰园林中的花木追求
的是地毯式的景观效果。园林中的种植池都采用下沉式，常用黄杨绿篱组
成图案，后期也喜欢在绿草如茵的花圃里用雪白的大理石细条铺成精巧的
图案，看上去就像一块块色彩绚丽的地毯。如印度阿克巴大帝规划的葡萄
园以及沙日罕国王在阿格拉堡的后宫花园（图6-34）都是如此。

图6-34　印度阿格拉堡的后宫花园
（Kjohri/摄）

　　为了追求富有规律的审美效果，
这里的花圃被修理得像地毯图案一
般，与中国园林追求自然之趣形成鲜
明的对比。

　　综合起来看，中国园林是写意的、直观的，重自然、重情感、重想象、重联想，追求"言有尽而意无穷"的韵味；伊斯兰园林则是写实的、理性的、客观的，重图形、重人工、重秩序、重规律，追求的是一种协调有序、精致严整的风格。

　　总而言之，我们对中国园林和西方园林、日本园林以及伊斯兰园林进行比较，是为了找到它们之间的共同性和差异性，从而取长补短，相互借鉴，使人类共有的园林日益成为真正的人间天堂。

参考文献

[1] 陈从周，张竟无.讲园林[M].长沙：湖南大学出版社，2009.

[2] 陈从周.苏州园林[M].上海：同济大学出版社，1956.

[3] 陈从周.扬州园林[M].上海：上海科学技术出版社，生活·读书·新知三联书店香港分店，1983.

[4] 陈从周.说园[M].济南：山东画报出版社，2002.

[5] 陈从周.园林谈丛[M].上海：上海文化出版社，1985.

[6] 王三山，周耀林.营造之道——中国建筑与园林[M].长沙：武汉大学出版社，2009.

[7] 曹林娣.中国园林文化[M].北京：中国建筑工业出版社，2005.

[8] 曹林娣.中国园林艺术概论[M].北京：中国建筑工业出版社，2009.

[9] 张家骥.中国园林艺术小百科（第一版）[M].北京：中国建筑工业出版社，2010.

[10] 周武忠.心境的栖园——中国园林文化[M].济南：济南出版社，2004.

[11] 陈从周，朱熙钧，吴吕明.中国园林[M].广州：广东旅游出版社，2004.

[12] 吴肇钊.中国园林立意·创作·表现[M].北京：中国建筑工业出版社，2005.

[13] 曹林娣，程孟辉.中国园林艺术论[M].太原：山西教育出版社，2001.

[14] 刘立平.中国园林艺术大辞典[M].太原：山西教育出版社，1997.

[15] 毛培琳，朱志红.中国园林假山[M].北京：中国建筑工业出版社，2004.

[16] 佘志超.细说中国园林[M].北京：光明日报出版社，2006.

[17] 金学智.中国园林美学[M].北京：中国建筑工业出版社，2005.

[18] 甘伟林，王泽民.文化使节——中国园林的海外[M].北京：中国建筑工业出版社，2000.

[19] 陈从周.中国园林鉴赏辞典[M].上海：华东师范大学出版社，2001.

[20] 安怀起.中国园林艺术[M].上海：同济大学出版社，2006.

[21] 任晓红，任雪芳.禅与中国园林[M].北京：商务印书馆，1995.

[22] 郦芷若，朱建宁.西方园林[M].郑州：河南科学技术出版社，2011.

[23] 陈奇相.西方园林艺术[M].天津：百花文艺出版社，2010.

[24] 朱建宁.西方园林史[M].北京：中国林业出版社，2011.

[25] 倪琪.西方园林与环境[M].杭州：浙江科学技术出版社，2000.

[26] 许金生.日本园林与中国文化[M].上海：上海人民出版社，2011.

[27] 刘庭风.日本园林教程[M].天津：天津大学出版社，2005.

[28] 郭风平，房建斌.中外园林史[M].北京：中国建材工业出版社，2005.

[29] 特纳.世界园林史[M].林箐，译.北京：中国林业出版社，2011.

[30] 李静.园林概论[M].南京：东南大学出版社，2009.